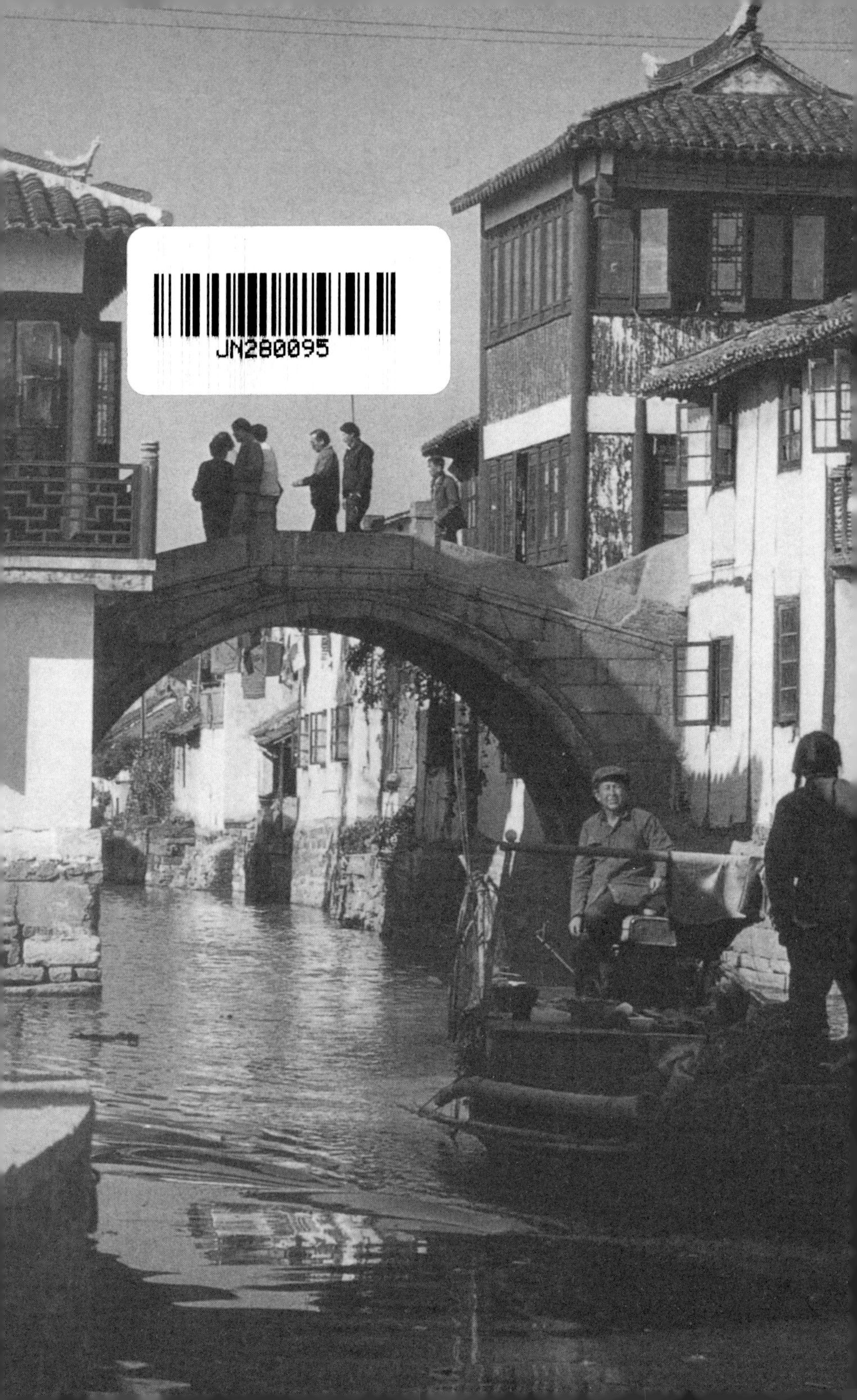

監修者——佐藤次高／木村靖二／岸本美緒

［カバー表写真］
18世紀の水都 蘇州のにぎわい
（徐揚『盛世滋生図』1759年）

［カバー裏写真］
老年期をむかえた乾隆帝
（『乾隆皇帝朝服像』18世紀後半）

［扉写真］
小都市 周庄鎮の富安橋
（14世紀元末明初の創建）

世界史リブレット8

中国の都市空間を読む

Takamura Masahiko
髙村雅彦

目次

中国都市へのアプローチ

　都市に歴史的な視点をいれて解読する試みは、一九七〇年代からヨーロッパや日本を中心に盛んになっている。江戸東京ブーム▲が代表するように、こうした動きは、研究者の枠を越えて多くの市民にまで広がりをみせた。

　飛躍的な技術の進歩をとげることで繁栄と豊かさを手にいれた二十世紀という時代。その一方で、都市では破壊と改造が繰り返された。それを見直すために、個々の地域のアイデンティティを掘り起こし、都市の全体的なイメージを再構築する。とくに、日本では、近世から近代にいたる時間と空間の連続性を主張することこそ、新たな時代への脱皮につながると考えられたのである。

　建築の分野でも、歴史を舞台としながら、現在の都市を総合的かつ立体的に

▼**江戸東京ブーム**　一九八〇年代に始まる東京にたいする歴史や文化の関心の高まり、その動き。都市論として総合的な展開をみせた小木新造らの「江戸東京学」、また建築の分野では陣内秀信や川添登らが東京の豊かなイメージを描き出した。

描き出す作業が進められた。その背景には、都市のモデルを欧米の近代都市ばかりに求め、過去をかえりみることなどほとんどなかった日本の高度成長期にたいする批判が込められている。空間そのものが対象となる建築の世界で、「都市空間」という言葉が多く聞かれるようになったのもこの頃からだ。

都市は、そのあらゆる場所で、それまでの成り立ちを物理的な形跡として刻み込んでいる。また、全体で組織立って有機的な空間をつくりだしている。タイトルの「都市空間を読む」とは、その組織を構成する道路や建物、敷地などのあり方と相互の関係を読み取ることによって、都市が長い時間のなかで展開してきた軌跡を解析することを意味する。

そもそも、こうした考え方は、ティポロジア▲（建築類型学）としてイタリアに生まれた。だが、文明の表現形態としての都市には、各民族の思いが深く込められているのだから、そのまま応用するわけにもいかない。とくに、日本を含むアジアの都市は、欧米にはない地形や自然と深く結びついた独自の空間秩序をもつ。山や丘、海や川といった大地の起伏、自然の大きな枠組みが、すべての空間を意味づけ、有機的な環境のなかで人間が自然と共生する独特のコスモ

▼ティポロジア　一九六〇年頃から、イタリアのサヴェリオ・ムラトーリ(Saverio Muratori)を中心として模索された都市分析の方法。ティポロジア(tipologia)は、都市の構成単位である建築の類型(tipoedilizio)を抽出し、その成立、変化を解明する建築類型学(tipologia edilizia)の略語として使われることが多い。日本の第一人者に陣内秀信がいる。

北京の天壇

蘇州の運河

ロジー、つまり宇宙観といったものが明らかに存在する。

そこですぐ思いつくのが、お隣の国、中国である。世界の都市文明を語るのに欠かせない中国。三千年、四千年ともいわれる中国の歴史のなかで、都市は破壊と復興を重ねながら、さまざまな様相をわれわれに繰り返しみせてきた。しかも、中国ほどに、その都市空間のあり方が明快なのも珍しい。大地に人工的かつ明確な区画をつくりだすのだから、コスモロジーに支えられた都市計画の考え方は単純で明快な必要があるのもうなずける。

だが、それだけで都市全体が成立するはずもない。それとは無縁の庶民の側からは、個々の場所に適応した自由で活気に満ちた世界が展開している。もはや日本人に関心の深い長安や洛陽だけでは、中国人がつくりつづけてきた都市の全体像を理解することが難しいのである。

中国には、王都としての北京をはじめ、水の都市文化を開花させた蘇州、刺激と活気に満ちた廈門《アモイ》、さらには小さいながらも華やいだ雰囲気をもつ鎮(町)など、その規模だけでなく、性格の異なる魅力的な都市が広大な大地に数多く点在している。地域ごとの気候や地形によって、多様な特色をも示す。

●—天安門広場の航空写真　手前から、正陽門箭楼・正陽門・毛主席記念堂・人民英雄記念碑・天安門・紫禁城が一直線に並ぶ。この左手に人民大会堂、右手に中国歴史博物館が左右対称の位置に置かれている。

●—福建省客家の円形集合住宅

●—バンコクの水辺

▼都城　天子または諸侯の都市をいい、おもに首都をさす。また、都城という言葉には、碁盤目状の構造(グリッドパターン)をもつ明快な都市といったイメージが含まれる。したがって、日本では、その影響を強く受けた難波京から平安京までを都城と呼び、その後、城下町へと変容をとげる。

前海の水辺　北京市民のレクリエーションの場。

本書では、こうした都城▲から小さな町にいたるさまざまなレベルの中国の都市を取り上げ、その都市空間がいかなる過程をへて形成されてきたのかを都市史、建築史の立場からフィジカルに描き出してみたい。また、アジア的な広がりのなかで、韓国や東南アジアの都市との比較も試みたい。実は、北京や蘇州、鎮などを対象に、古地図や文献史料を活用しつつフィールド調査にもとづいて、その都市空間のあり方を解き、そのなかにある住宅や商業施設をみていくという研究は、日本でも中国でもあまりおこなわれていない。

急激な経済成長による近年の中国の都市開発には、過去の蓄積を無視するものが多いが、二十一世紀には必ず反省の時期が訪れるであろう。そして、現在の日本と同様、都市や水辺空間の再生、創造がその時代のもっとも重要なテーマとして浮上するに違いない。今の段階で中国の都市空間を徹底的に調べ、記録すると同時に、その特徴を認識し、意味づけておくことは、同じ問題をかかえる日本にとっても重要な仕事となるはずだ。このことは、地域文化の個性の見直しや歴史的環境の再評価にもつながる作業なのである。

①—王都 北京を読む

王都のコスモロジー

現在の北京の基礎は、十三世紀の元の時代につくられた。中国史上空前の巨大統一帝国を築き上げたチンギス・ハンの孫、フビライ・ハン▲が側近の劉《りゅう》秉《へい》忠《ちゅう》▲らに命じて計画させたのである。当時、その王都は「大都▲」と呼ばれ、人口四、五〇万人に達していたという。

その後、この都市は、明、清、また一九四九年の中華人民共和国設立から今日にいたるまで、中国の首都でありつづけた。そのうえ、大都の道路網は、現在にいたるまでそのまま受け継がれている。十三世紀末、この都市にはいったマルコ・ポーロ▲は、『世界の記述(東方見聞録)』のなかで、城門に立てば、対峙するはるか遠くの城門を望むことができると記録しているほど、道路は東西・南北に一直線をなす。

一方、現在の航空写真からも浮かび上がる都市形態は、明の時代につくりだされた。元の大都の北部を放棄して中心を南にずらし、さらに十六世紀中期に

▼**フビライ・ハン**(一二一五〜九四、在位一二六〇〜九四)　モンゴル帝国第五代皇帝。漢字名は忽必烈。一二六四(至元元)年、都を燕京、のちの大都に置く。モンゴル族の統治による元は、政治や各種制度、都市づくりなどにいたるまで、漢民族の方法を広く応用した。

▼**劉秉忠**(一二一六〜七四)　元初の僧。都市計画では、おもに風水師の役割をはたした。今の河北省邢台の人。フビライの厚い信頼を受けて、大都のほかに、開平、のちの上都の計画にもたずさわった。大都の計画には、ほかに趙秉温が関与した。

▼**大都**　元では、遊牧民族の習慣にしたがって、二都制をとっていた。南の大都を首都、北の上都を副都とし、冬の大都と夏の上都を使い分けていた。

▼**マルコ・ポーロ**(一二五四〜一三二四)　十三世紀のイタリア人旅行家。元朝の中国に一七年在留し、踏破した地域は、北の河北、南の雲南・福建、西の新疆におよぶ。

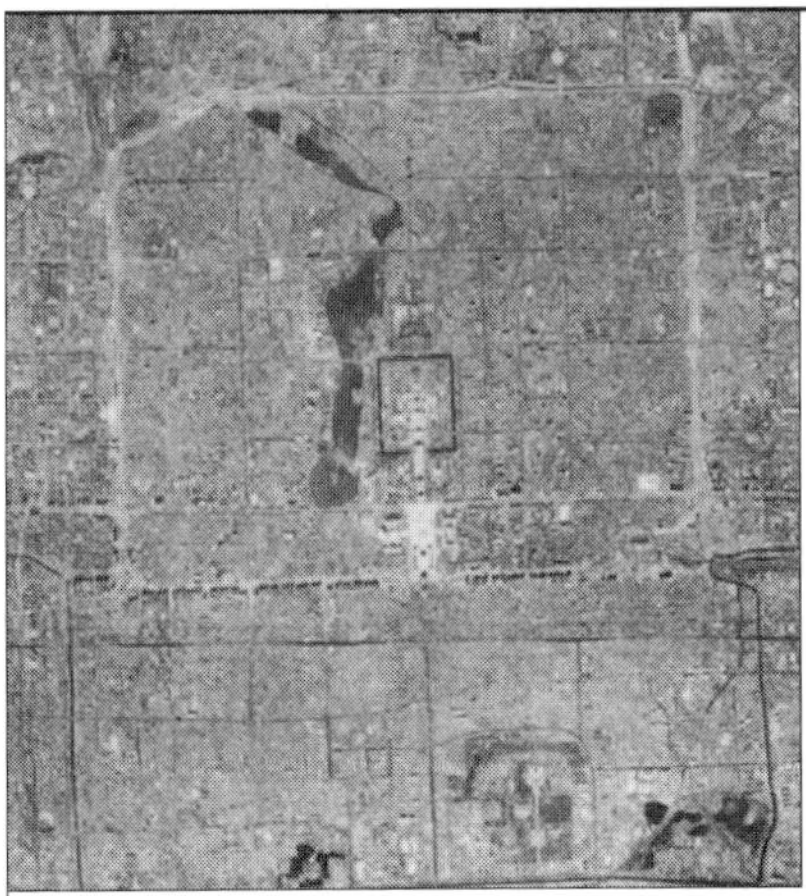

●凸形の都市形態　現在、城壁跡は道路になっている。

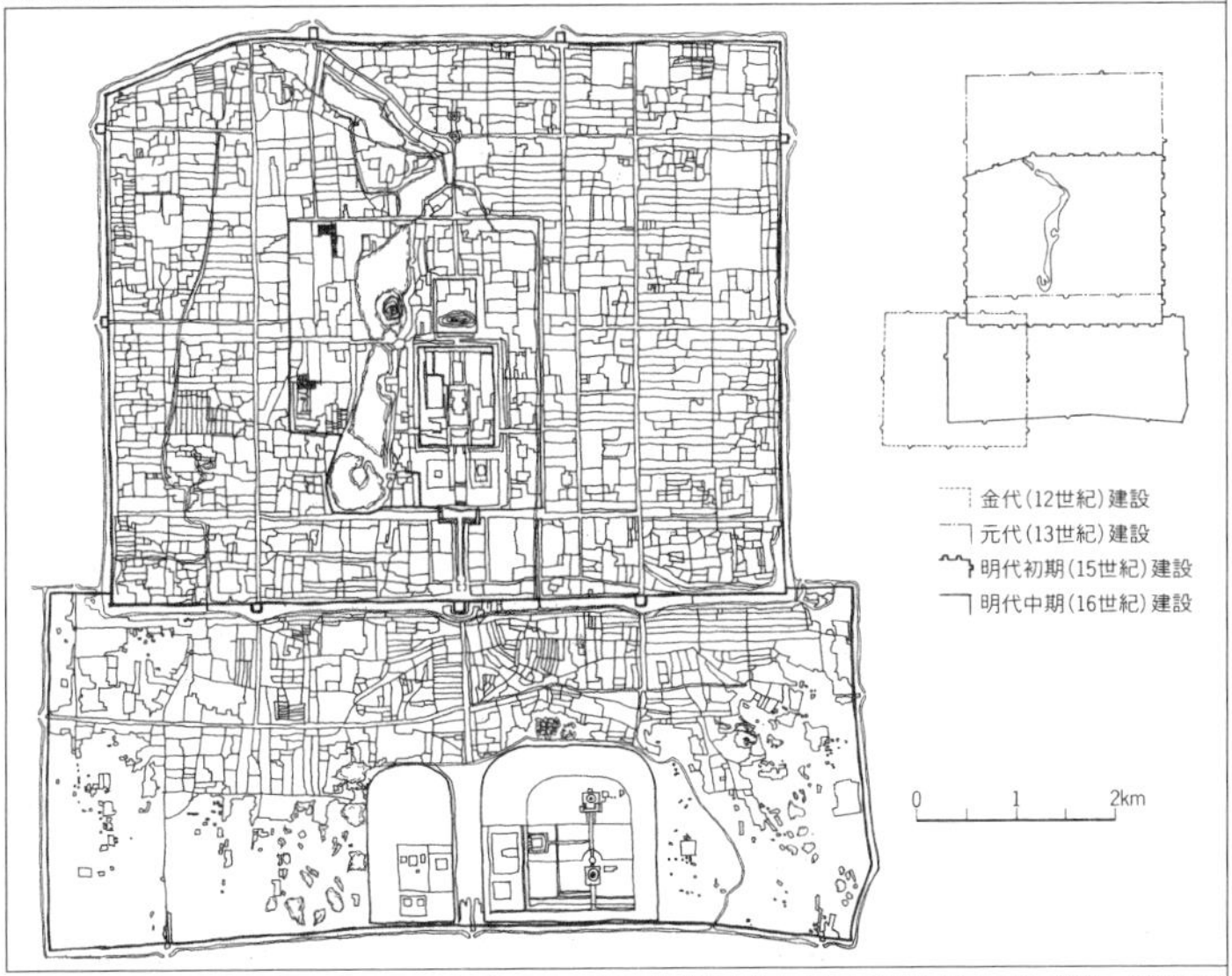

●乾隆年間の北京復元図および十二世紀以降の都市変遷図

●北京の中心軸　北の景山から紫禁城を望む。

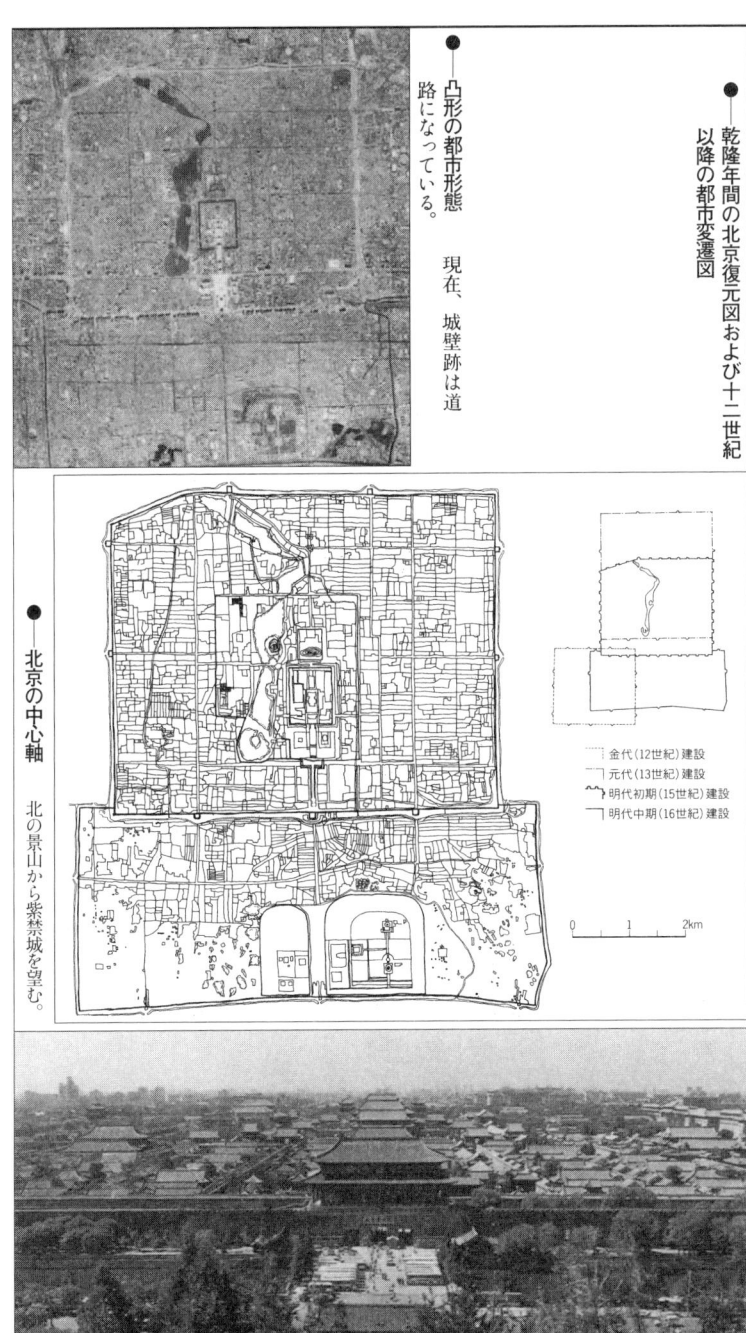

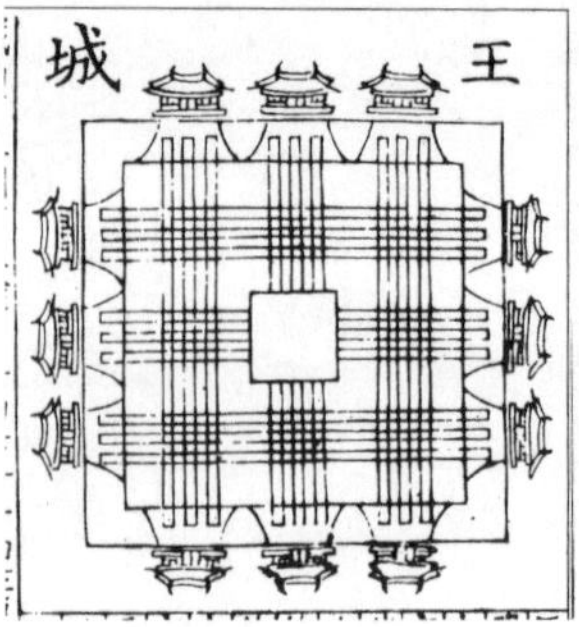

王城モデルの想定図（宋『新定三礼図』）

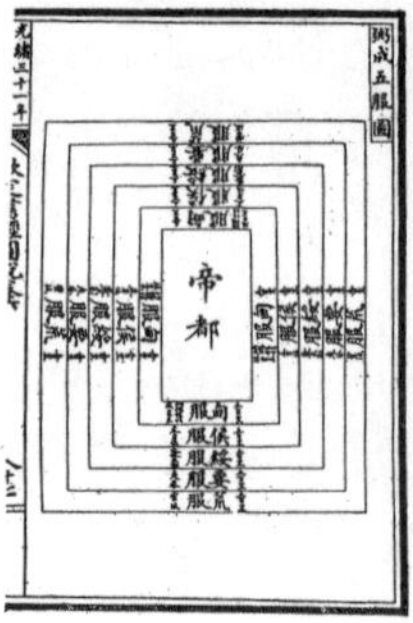

入れ子型の構造（『欽定書経図経』）

その南に外城を増築する。これによって、北の内城と南の外城からなる北京独特の凸型の都市形態が登場したのである。その都市を基礎として、その後の清代、近代には、都市内部でさまざまな計画がなされた。今の北京は、こうしたいくつもの時代の層が積み重なって成立している。

故宮、つまり紫禁城は、内城のちょうど中央に置かれている。その外側を皇城が囲い込み、さらに外側を内城が覆う入れ子型の構造をもつ。それに加え、東西七キロ、南北八・五キロの都市の中央には、南北に強烈な中心軸が存在する。しかも、都市は、その軸を中心として左右対称につくられている。皇帝の居城、王の都として、その権力をいかんなく発揮しようとしたまちづくりの思想が、まさにこうした明快な北京の都市空間を生み出したといえよう。

この計画の背景に、紀元前一～二世紀頃に編まれた『周礼』「考工記」の王城モデルが存在したともいわれる。北京をはじめ、中国の都市には、南北の中心軸がある、左右対称の構造をもつといった明快な特徴がみられる。また、住宅から都市、国にいたるまでを入れ子型の壁で囲い、中心に近いほど格が高くなるという関係が存在する。そのなかにあって、紫禁城の太和殿▲、さらにいうなら、

玉座

▼**太和殿**　太和殿は、謁見の場、儀式の場、政治をおこなう場として重要な役割を担った。中国では、階級によって、建物の基礎の高さ、棟高、間口方向の柱間の数などが厳しい制約を受けており、太和殿はその頂点にあった。

その室内の中央に置かれた皇帝の座る玉座こそが、地上世界の中心であった。いずれの特徴も、『周礼』に説かれた儒教の教えを都市や建築に具現化したものにほかならない。

そしてもう一つ、この北京でもっとも顕著に具現化されたのが、コスモロジカルな考え方に立った中国独特の都市計画の方法であろう。北京の土地は、パワーの源である崑崙山《こんろんざん》から発する龍脈が集まり、同時に四周を太行山脈や黄河が囲う地上世界の中央と考えられた。また、周囲の水系を東の青龍、西の白虎、北の玄武、南の朱雀といった四神になぞらえて都市を擁護するという考え方まで適応されている。さらには、城門や祭祀施設などの位置を天上の神の身体や星座の形になぞらえ配置するといった手法までとられていたという。いずれも計画時の記録ではないから真偽はわからない。だが、こうしたあらゆる手立てを駆使しなければ、あるいは風水やこの種の宇宙観をもちだして意味づけをおこなわなければ、世界でも類例をみない巨大都市・北京の誕生や成立を容易に説得することができないのも事実である。

●大和殿

●『乾隆京城全図』内城東四付近　本書では、故宮博物院蔵の原図、約六五〇〇分の一を撮影後、約二六〇〇分の一に縮小した一九四〇年のいわゆる『日本版』と呼ばれるものを使用している(東洋文庫等所蔵)。

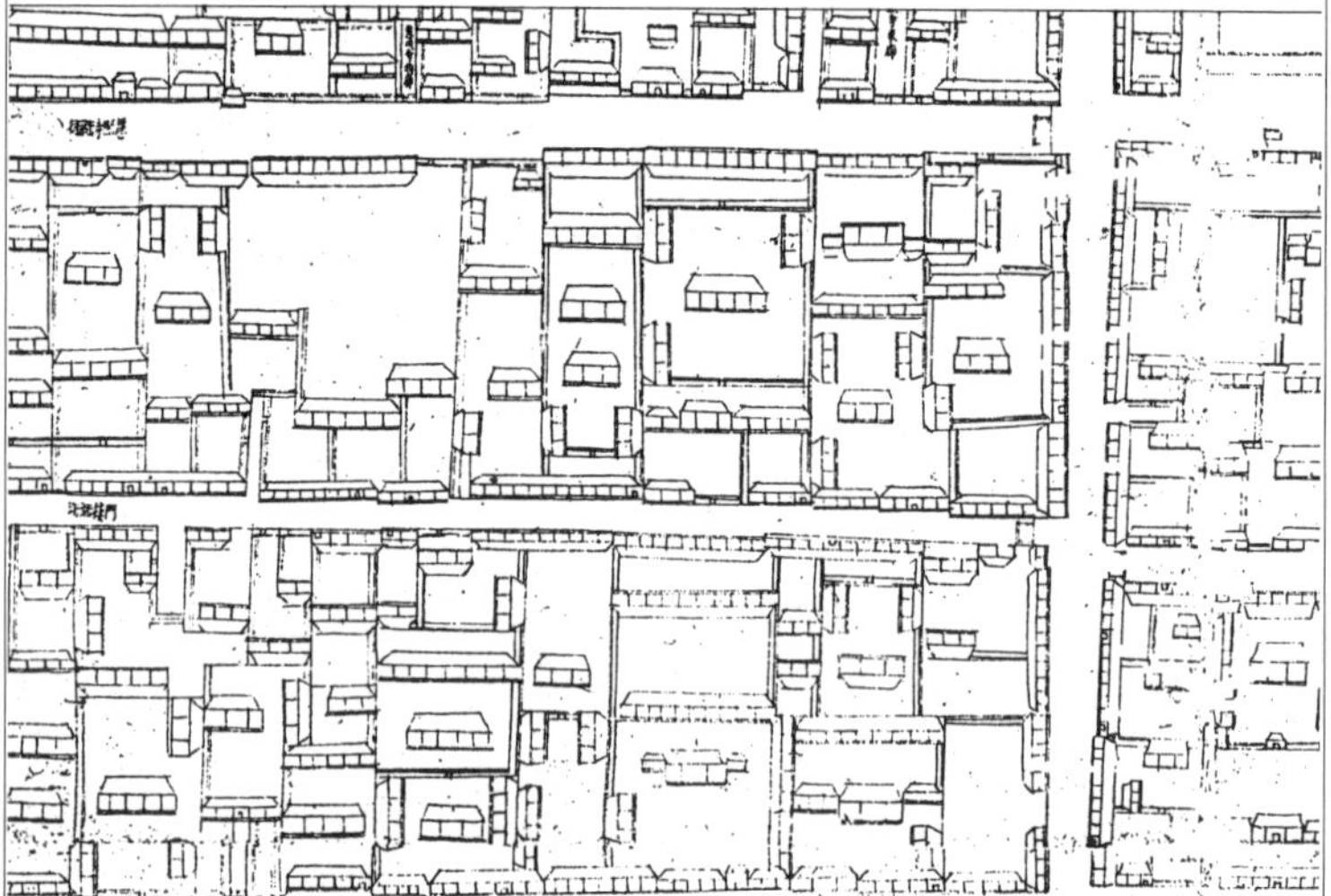

古地図を読む・町を歩く

　現在の町を歩き、雰囲気を肌で感じながら、時に実測や聞き取り調査をおこなう。その目的は、都市から建築にいたる多様な空間をフィジカルに描き出すことである。一方で、歴史的な史料、とりわけ古地図の分析は、その空間に具体的な時間の経過をクロスさせ、より深みを増した都市研究が可能になる。

　北京には、一七五〇年のまちのようすを詳細に伝える『乾隆《けんりゅう》京城全図』が存在する。北京が都市として成熟しきった華やかな時代の都市図である。作図を指示した乾隆帝▲は、各地方志の作成や歴史書の編纂など、各種の文化事業に力を注いだ。すべてをやりつくしたという意味から、「十全老人」と呼ばれるゆえんがここにある。

　この地図には、都市形態から道路網、施設配置、街区▲形態、その内部の敷地割りばかりか、一棟一棟の建物や階高、さらには住宅、店舗、宗教・官庁施設など建築のタイプまでもが克明に描かれている。そこには施設名や地名も記されている。すべての建物は、ちょうど立面図を倒した中国独特の画法で描かれ、入り口もつけられている。間口方向の柱間ごとに線が引かれているのは、家屋

▼**乾隆帝**（一七一一〜九九、在位一七三五〜九六）　清朝第六代皇帝。

▼**街区**　道路や水路によって区画された宅地を街区という。

二階建ての長屋風店舗

税徴収のためであろうか。複数の中庭を連ねる北京の建築にあって、この地図では開いた庭にたいして建物が倒されているから、一軒の敷地の範囲が読み取れる。一つの中庭を四つの平屋の棟が取り囲む、北京ならではの四合院《しごういん》住宅のようすもよくわかる。一方、道路沿いに長屋のように連なる店舗には、すでに二階建てのものが少なからずあったことが知られる。

この古地図を現在の地図と比較してみる。驚くべきことに、十八世紀の北京の道路ばかりか、街区形態、敷地境界、ところによっては建築の構成まで、そのほとんどが現状の上にそのまま重なる。長い歴史のなかで積み重ねてきた都市形成のさまざまな層が、しっかりと現在の北京に受け継がれているのだ。今日までの北京の都市空間において何が変化し、何が連続しているのかをあらゆるレベルで総合的に分析することができる。

そして、これらの地図をもって、北京の町を徹底的に歩き回る。地図の上で追っていた道路や建物が、空間として有機的に結びつくようすを実際に感じとることができる。

こうした作業は、その歴史的な構造が、現在の北京のまちを根底から支えて

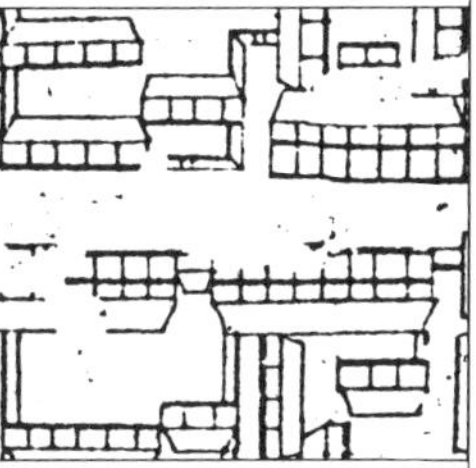

●『乾隆京城全図』にみられる店舗

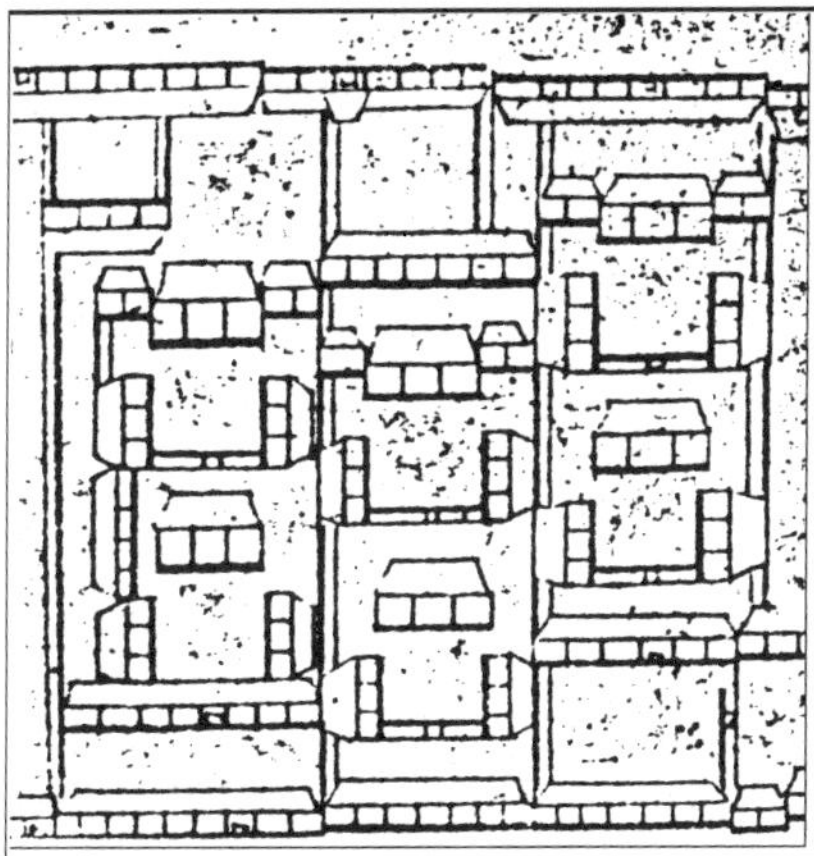

●『乾隆京城全図』にみられる四合院住宅

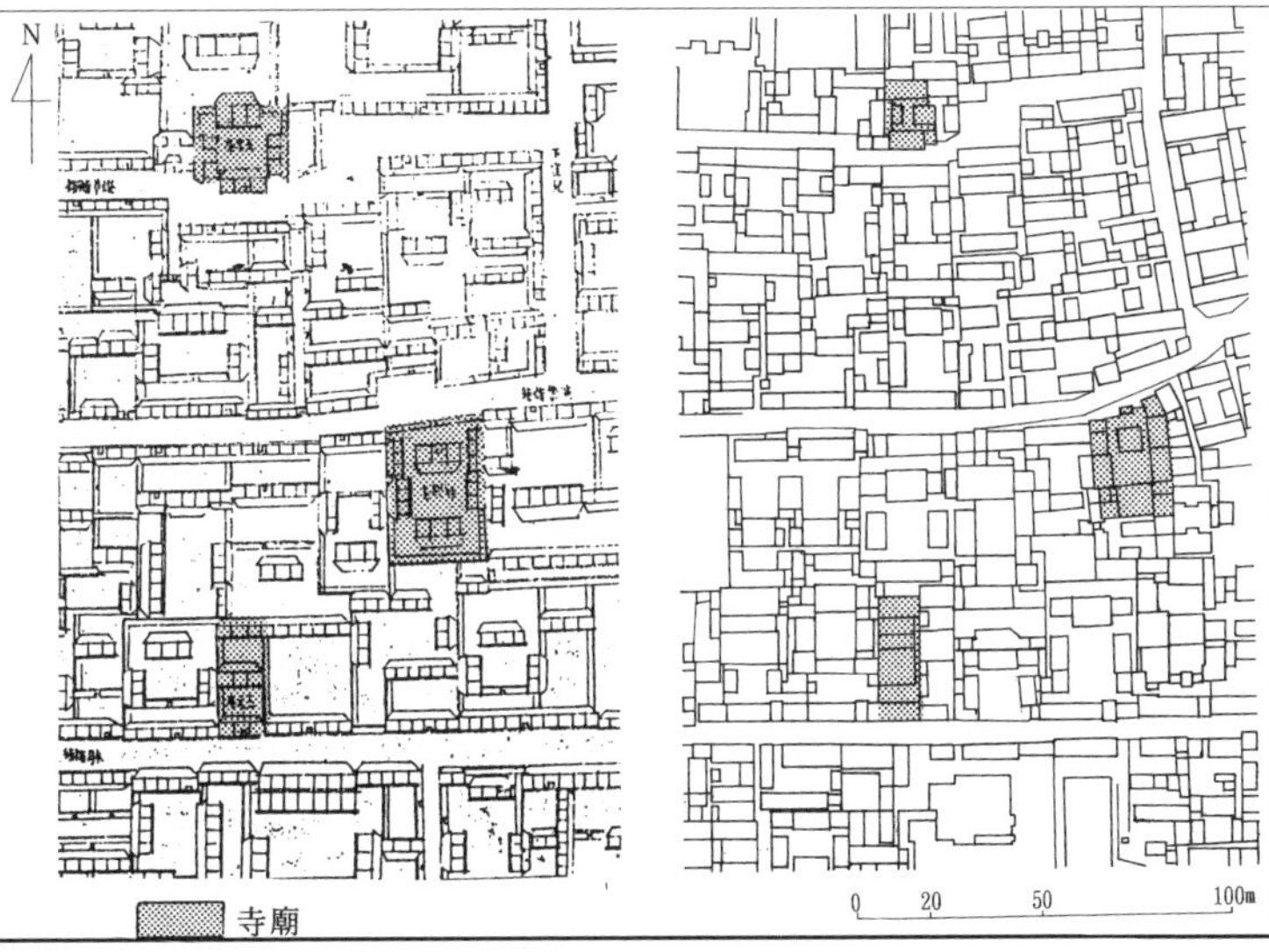

●『乾隆京城全図』と現況図（一九七八年測）の比較　内城東四本司胡同付近。

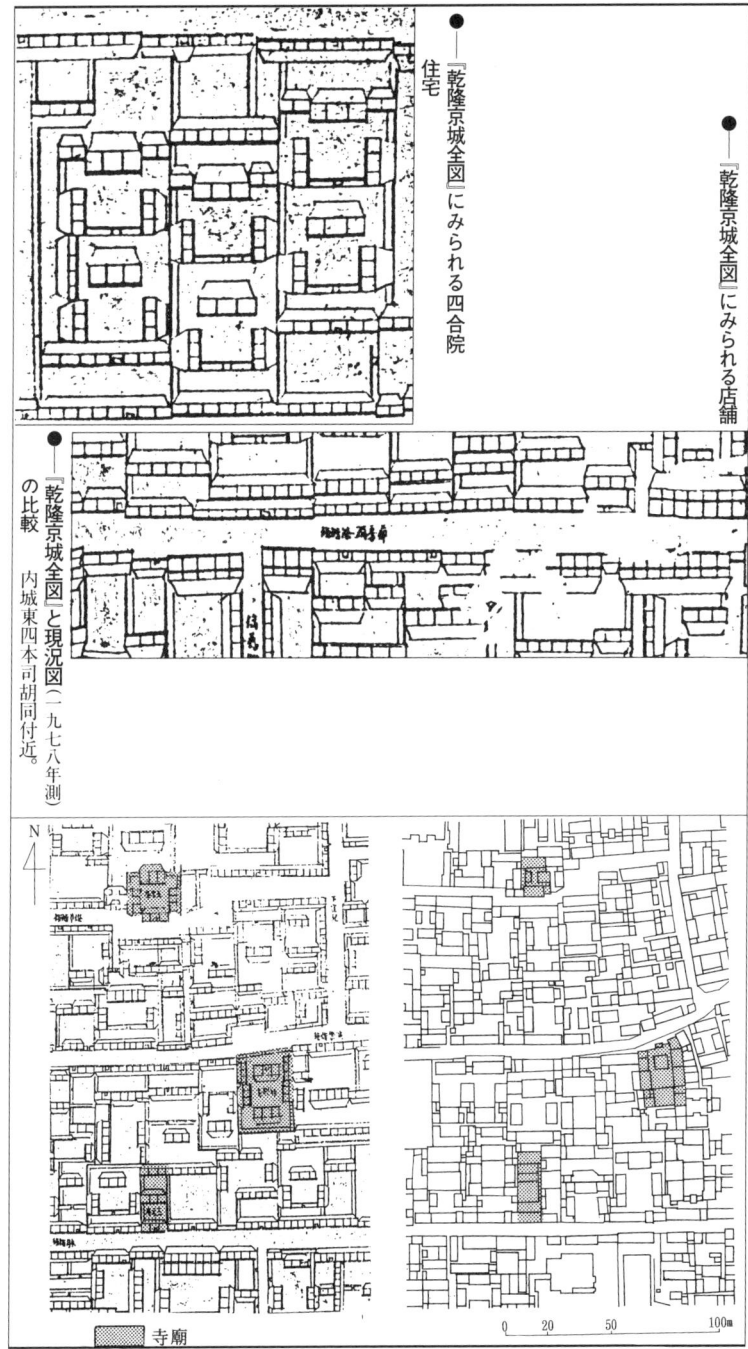

いるという事実を明らかにしてくれる。今日の都市の成り立ちを連続的かつ直接的に理解することができるのだ。だからこそ、今後の北京のあり方を考えるうえでも欠かせない作業といえるのである。

場所の意味

十六世紀の外城の建設によって、北京の市街地は二つにはっきりと分けられ、まったく性格の異なる世界が同時に展開する都市に生まれ変わった。一つは支配と権力の世界であり、もう一つは文化と享楽の世界である。内城がよそ者などの侵入を拒む閉ざされた場であったとするならば、外城はあらゆる人々に開放された新しい場としての役割を担った。こうした規制の緩やかな外城には、商工民から、芸人、遊女、乞食にいたるさまざまな人種が一堂に会する。いわば外城の出現は、北京の庶民文化を大きく開花させる格好の契機となったのだ。

十七世紀中期、満洲族支配の清代にはいると、外城は、解放区としての性格をより強めていく。内城は満洲族などの官吏が多くを占め、それ以外の漢族を中心とした商人などが外城に追いやられるかたちとなり、文化、遊興、商業活

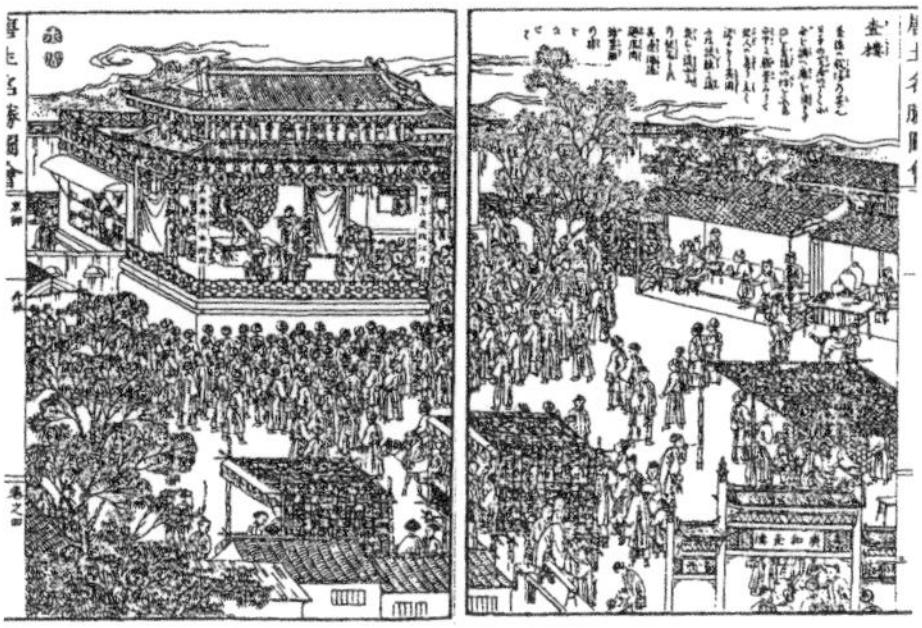

十九世紀初めの劇場　『唐土名勝図会』(一八〇六年)に描かれた劇場。編述者は、当時の日本人留学生の岡田玉山。

▼金(一一一五～一二三四)　中国東北一帯に住んでいた女真人の支配による国家。北京の南西に接する中都は、その首都。

動もこちら側へ移動する。

十八世紀初期、漢族にたいするさまざまな障害が取り除かれると、外城には同郷者や同業者のための会館、また劇場や遊郭が多く建設された。とくに、会館は、自治や宿泊の場として、また情報交換や商品の取引きに、時には演劇が催される劇場として、あるいは毛沢東らの革命家の棲み家など、さまざまな意味をもつ都市の重要な拠点として機能した。

北京では、内城の東と西でも異なる性格をみせる。北京は都市の中心軸を第一に考えて計画されたため、左右対称の均質な構造をもつと考えられがちだ。しかし、かえってそれが中央の巨大な皇城の存在とあいまって、内城の西と東を分断し、「西貴東富」と称される都市空間を生み出したのである。内城の西側には貴族が多く住み、一方、東側には裕福な官吏や商人が多いという、つまり東と西で住み分けがなされていたことを意味している。

北京の西側は、地形がやや高く、湖などの景勝地をもつ。このあたりには、元朝の前、▲金の時代の古刹《こさつ》も点在している。自然が豊かで、同時に歴史のある場所は、庭園をもつ貴族などの有力者が居を構えるにもっともふさわしい。一

外城南部の自然 山の上に建つ陶然亭は、文人たちのサロンとしても利用された。

方、東側の地区では、有名な灯市など、高級な品物を扱う商店街が盛況をみせていた。また、大規模な宗教施設や学校、国家の施設などが多く、それらに囲まれた北京の一等地として人気が高かったに違いない。

建物そのものの場所が意味をもつこともある。今日の北京には、『乾隆京城全図』に描かれた寺や廟の跡がたくさん残っている。しかも、その数は非常に多く、庶民が多く住む外城に集中している。

寺廟の立地は、興味深いことに、道との関係にさまざまなバリエーションをみせる。参道のように路地を引くものや辻、角地に置かれるものなど、迷路のような外城の空間にあって、寺廟はランドマークとしての役割を担っている。また、道が二股のちまたに置かれるケースは、もっとも象徴的な立地といえる。それには、道に沿って流れる龍脈を鎮めるために設置されたものもある。風水とも密接に結びついて宗教施設の場所が決められているのだ。さらに、周囲の自然と一体となりながら、名所として賑わった寺廟も少なくない。

このように、北京は、内城と外城、内城の東と西、寺廟の立地など、それぞれの場所の特色を読み取り、意味づけをおこないながら、都市全体を組み立て

十九世紀初めの灯市の賑わい

内城西四付近の寺院跡

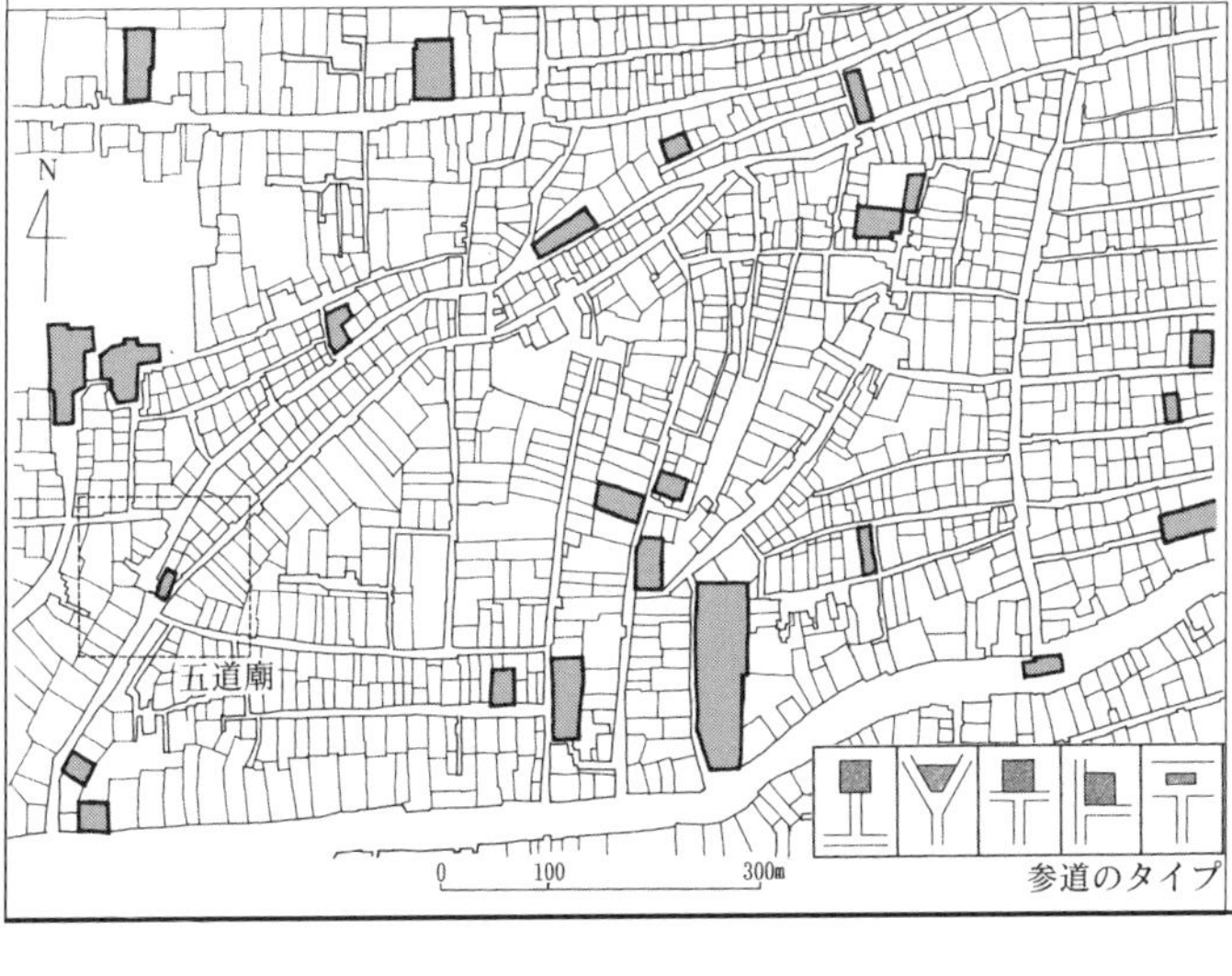

町の構造と寺廟の立地　外城大柵欄西部。

ていったのである。

路地　庶民の生活が路上にまであふれている。

「胡同」という路地

都市にあって、道路のプランニングは、都市空間の公私のランクづけと密接に結びつく。

『乾隆京城全図』に描かれた道は、ほぼそのままのかたちで現在にいたっている。方形の街区を形づくる東西・南北の格子状の道路網ばかりか、そのあいだを縫うように走る無数の路地も生きている。北京というと、中国都市に特徴的な計画的な道路網だけでできていると思われがちだが、実際には不規則な道路もかなり多い。あの明快な道路網からなる唐の長安でさえもが、曲がりくねった多くの路地をもっていたことが知られている。統一的な計画がなされなかった外城や、自然の地形が残る湖や川の周辺では、むしろ直線的な道のほうが少なく、入り組んだ路地や袋小路が随分とある。

こうした北京の道路網は、都市全体の土地利用と密接に結びつく。各用途を機能的に分けながら、それぞれにふさわしい街区形態と敷地割りを生み出して

▼胡同　胡同の語源は、元の時代までさかのぼる。モンゴル語の「井戸」、あるいは「集落」と同じ発音で、それに漢字をあてたといわれる。住まううえでの拠点、人が集まり住むことに語源をもつのは、たんに胡同が通りとしての道をさして名づけられたのではなく、むしろ生活の舞台そのものの意味が込められていたことが知られる。

いる。

商業地は、都市を貫く幹線道路に沿って形成される傾向を強く示す。この道路沿いには、一部の官庁・宗教施設も置かれ、そのあいだに間口一〇メートル前後の狭い店舗が、壁を接して高密に並ぶ。とりわけ、北京の商業地は、南北方向の幹線道路に沿って形成される場合が多い。

住宅地は、このような幹線道路沿いの商業地の裏側に形成される。とくに、南北方向の道路から東と西に向かって、各住宅にアプローチするための生活道路、つまり北京でいう「胡同《フートン》」▲が間隔を保ちながら計画されている。今なお庶民の生活の舞台として、北京の代名詞ともなっている胡同。その道幅には、すでに元の計画時に明確な規定があった。それは六歩、すなわち九メートルあまりで、ちなみにその二倍のものを「小街」、四倍のものを「大街」として計画したのである。こうした道の格づけと道幅の関係は、現在の北京の状況にもよくあてはまる。

北京では、この胡同に面して、南北に長い縦長の敷地が左右に並び、全体で東西に長い長方形の住宅地がつくられる。そして、個々の住宅は、間口二五メ

南北の幹線道路沿いの店舗と東西の胡同に面する住宅

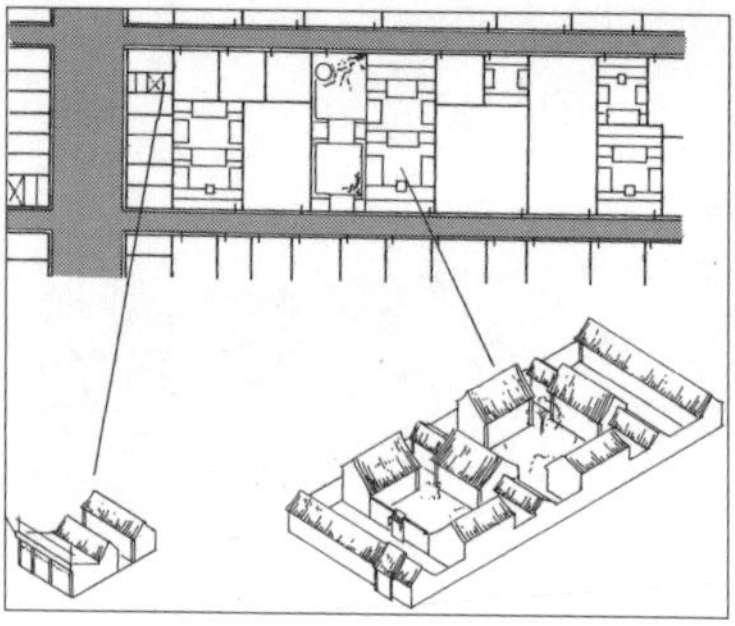

ートル、奥行き六〇メートル前後の縦長の敷地のなかで、明快な中心軸の上に複数の建物を南向きに建て、あいだに中庭を挟みながら奥へ伸びる構成をとる。

このように、幹線道路と胡同からなる北京の道路計画は、高密で繁華な商業地と快適な環境の住宅地とを合理的に分ける土地利用と結びついたものであった。

住宅地と四合院

道路のプランニングの方法は、土地利用だけでなく、建築がもつ特徴とも密接に結びつく。

中国の建築は、南を向いて建つことを理想とする。それゆえ、東西の胡同に面して、間口の狭い短冊状の敷地が展開すれば、多くの住宅が南向きの特徴に適合できるのである。そもそも、元の大都が完成した当初には、正方形に近い敷地が与えられたという記録▲があり、発掘調査でも南向きの住宅遺址が発見されている。

都市は多様な要素が集まって組み立てられる。しかし、それらは相互にしっかりとした関係を取り結びつつ、全体を構造化する。建築の形態や空間の構成は、その場所の街区形態や敷地の規模・形状などから直接的な影響を受ける。それゆえに、個々の建築の構成を周辺の都市のあり方から切り離さず、密接な結びつきのもとにとらえることが「都市空間を読む」うえで重要となるのだ。

さて、中庭をもつ文化は、古い文明圏でよくみられる。中国もまた、気候や地形が変わっても、中庭文化をつねに育んできた。そのなかでも、中庭を中心に周りを四つの棟が取り囲むタイプを「四合院」と呼ぶ。漢族の住宅を代表するこのタイプは、中国全土に広く分布し、すでに紀元前十世紀前後の西周時代に確立していたことが明らかになっている。驚くべきことに、三〇〇〇年にもわたって、四合院というタイプが中国建築に綿々と受け継がれているのだ。

そして、その代表が北京の四合院である。北京は、首都であるから官吏が多い。そのため、彼らの専用住宅として、もっぱら四合院が多くつくられた。北京では、現在もそれが旧市街のベースをなしている。北側に主屋を置き、その前方左右に向かい合って脇部屋を配し、南側には主屋と対峙して、いわば門長屋を配置する。この四つの棟が中央の「院子《コアンズ》」と呼ばれる中庭を取り囲むことか

▼『元史』の記録　『元史』第十三代世祖に「一戸主あたり八畝(四五二八平方メートル)の地を与える」とある。これを現在の北京にあてはめると、典型的な距離の胡同と胡同のあいだに、ほぼ正方形の敷地が形づくられることになる。それを典型的な規模の街区にあてはめると、ちょうど一〇個の正方形の敷地が横に並ぶことになる。マルコ・ポーロも「邸宅の建てられた敷地は、いずれも正方形をなし直線で区切られ」と記録している。しかも、一部ではあるが、発掘された元代の住宅遺址は、この記録の内容とかなり近い。

四つの棟が取り囲む四合院の中庭

ら、四合院と呼ばれるのである。それが一本の明快な中心軸の上に重層的に連なって住宅全体が構成される。

北京の四合院は、壁が続く胡同に沿って、門が一つだけ開かれているにすぎない。それゆえ、門は、外部から知ることのできる住宅の唯一の表徴であることから、清代には規模や形式などによって、主人の地位を格づけする装置でもあった。

北京の四合院の特徴を見てみよう。

南向きの四合院では、風水にしたがって、敷地の南東隅に門が設けられている。その門をはいると、突き当りには、「照壁《しょうへき》」あるいは「影壁《えいへき》」と呼ばれる目隠し壁がある。これは、悪気をはね返すためのもので、すでに今から約三〇〇〇年前の西周時代のものが発掘されている。

そこからクランクして内部へアプローチし、中庭に出る。ここでもまた、隅に悪気が淀みやすいと考えられたために、樹木を一本ずつ植えて、よい気に還元している。森の都と称されるほど北京に緑が多いのは、風水からも説明できる。

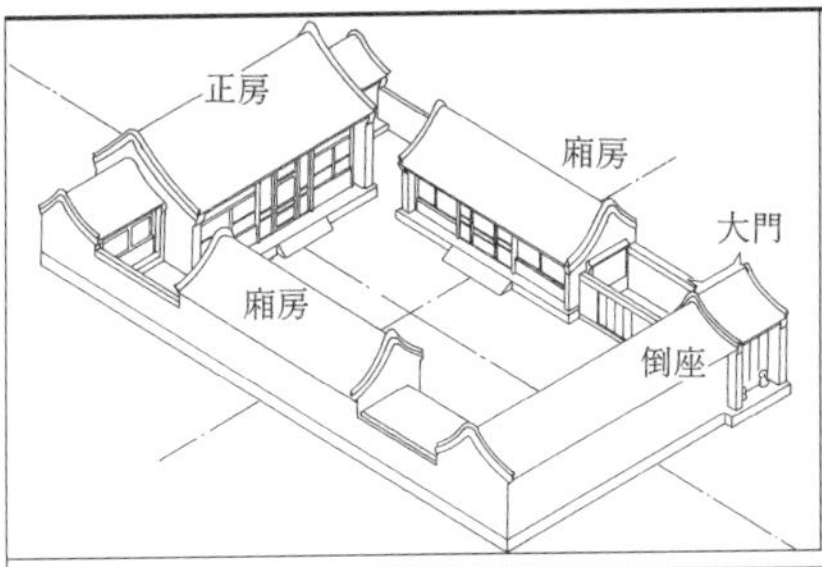

四合院

門の突き当たりの照壁

四合院の閉鎖的な外観と門

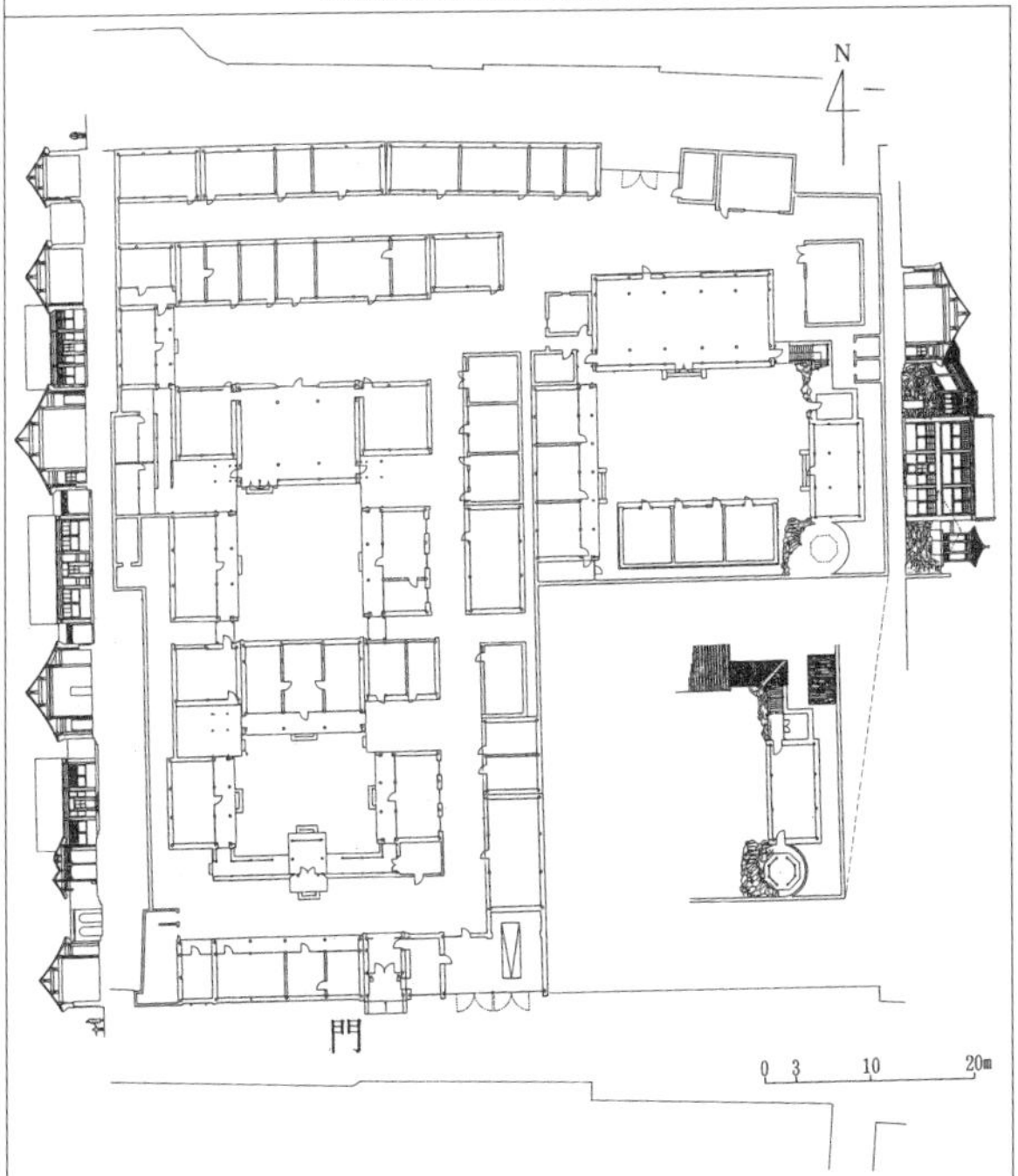

大規模な四合院　内城の西四北三条。東側に小さな庭がつくられている。四合院では、豊かな庭園文化も育まれてきた。

女性の空間

▼二門　とくに、花の彫刻を垂れ下げた門を「垂花門」といい、住宅の格式をあらわしていた。

▼廊房頭条　「廊房」とは商店街を意味し、十五世紀初期に官主導で店舗を建て、そこに商人を集めて、経済の発展をはかったことに始まる。清代中期から今日にいたるまで、北京の商店街をつねに代表してきた大柵欄も、もともとは廊房四条と呼ばれていた。

儒教の教えも住宅の構成に影響を与えた。中庭を連ねながら奥に展開する四合院では、儒教の男女・長幼の区別にしたがい、前から後に向かって空間が分けられ、女性の場としてはもっとも後方があてられる。また、使用人や一般の訪問者と主人や客の空間とを分けるために、二門▲などと呼ばれる装飾をおびた門を設けて、公私の境界を明確に区別している。

このように、北京の四合院は、都市における道路のプランニング、それにもとづく土地利用の方法、さらには風水や儒教の考え方とも密接に結びつきながら、家族が心地よく住める質の高い住環境を生み出したのである。

商業空間の成り立ち

しかし、同時に、それらの人や地域を支えてきた商業空間のあり方にも注目する必要がある。緑多い閑静な住宅地よりも、むしろ活気に満ちた商人のまちにこそ、その都市らしさが顕著にあらわれる。

今なお、外城の前門にある廊房頭条▲から大柵欄▲にかけての一帯は、毎日が上野のアメ横を思わせるような雰囲気に包まれている。『乾隆京城全図』でみると、

前門の賑わい

▼大柵欄　十八世紀初頭から中期にかけて、清朝は、外城の治安強化のため、通りの端々に柵を設置し、夜間の人の出入りを禁じた。そのなかでも、廊房四条につけられた木の柵が高く堅固であったために、大柵欄と呼称されるようになった。

そこには建物がぎっしりと密集し、二階建てのものも多く、すでに繁華な商業地を形成していることがわかる。

さて、同じ商業地でも、住宅地としての位置づけが高い内城と、商人のまちとして発展した外城とでは、市民の階層だけでなく、道路を軸とした街区の形態や構造、敷地の割り方、またそれらに影響を受ける店舗の空間の構成に違いが見出せる。

まず、外城では、南北の幹線道路に沿って、間口一五メートル前後、奥行き四五メートルほどの敷地に大きく割り、そこに比較的ゆったりとした店舗がつくられている。店舗は、四合院に似て、中庭をあいだに挟みながら奥へ展開するもので、中国でもっともポピュラーなタイプだ。一方、そこから東西に伸びる通りには、間口が狭く、奥行きの短い敷地で割り、そこに中庭を囲む構成をとらず、複数の棟を前後に連結させた小規模な店舗が建てられる。北京では、こうした店舗の形式を「勾連搭《こうれんとう》」と呼ぶ。

この店舗が主流を占めるのが内城の商業地だ。しかも、外城とは対照的に、それは南北の幹線道路に多くみられる。内城では、理想的な住宅地の成立を優

十九世紀初めの前門大街

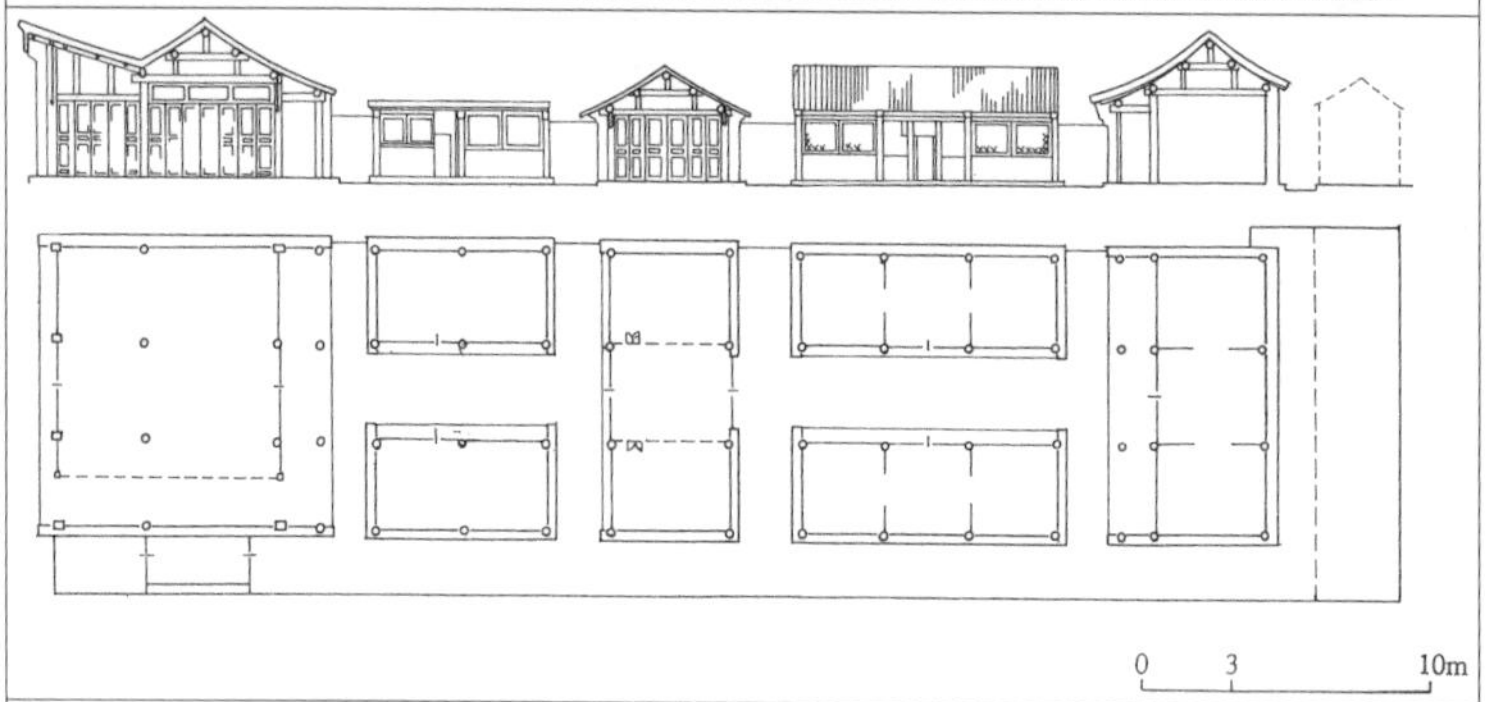

中庭を連ねる店舗

勾連搭形式の店舗

先させる一方で、南北の通りに沿った土地を小規模な敷地で割り、土地の有効利用を実現しながら、商店街を形成している。それゆえ、中庭を設けることは難しく、道路側を店、その後方を倉庫や居室とする勾連搭形式の店舗が多くつくられたのである。このように、内城では、東西と南北の通りで外城とまったく反対の敷地割りのシステムが生まれた。

これは、外城が商業のまちであったからにほかならない。つまり、土地の有効利用が求められる商業地にあって、商人は、建物を南面させるよりも、むしろ道路の利用を重視した。それゆえ、力のある商人が南北の目抜き通りを占拠し、一般の商人がその背後の狭い敷地に店を構えたのである。外城にあっては、商人が都市社会のなかでもっとも優位な位置を占めていた。その社会構造のヒエラルキーが、そのまま道路を軸とした街区の構造や敷地割り、さらにはそこにつくられる店舗の空間の特徴にまであらわれた。それとはまったく反対の社会構造と都市空間を示したのが内城なのである。

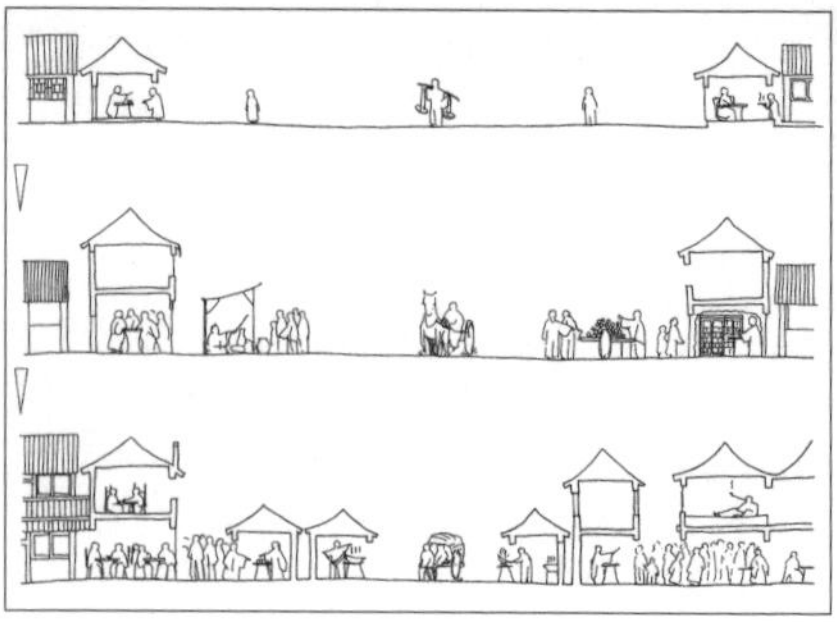

前門大街の侵街のシミュレーション

道路の不法占拠

十七世紀後半から十八世紀後半、北京の経済は活況を呈していた。都市活動の主役を商人が演じたのである。しかしながら、彼らの店舗は、それほど大きくはない。そこで、商品の販売や接客は、外部の通りへ依存するようになる。店の内部からはみだしてさまざまな商品が道端に並べられ、徐々に公共空間であるはずの店先が、侵食される。道路の不法占拠、いわゆる「侵街《しんがい》」である。

とくに、北京の商人たちは、個人による侵街はもとより、集団によって新たな道路をも形づくってしまうほど、その行為が旺盛あった。前門から南へ伸びる三本の道路がそれである。一七六七年に描かれた『京師生春詩意図』には、店舗の前面に露店を出し、御成道でもあるその道路がまさに占拠されている。それより一七年前の『乾隆京城全図』では、その部分に、はっきりと店舗群が描かれている。つまり、それらの場所と建物は何とも不安定な存在なのだ。当然、清朝は度重なる撤去令を告知した。だが、それはほとんど商人とのいたちごっこに近いものであっただろう。

こうした侵街の行為は、遠く江南の水郷都市やソウルでも起きていた。江南

●—『京師生春詩意図』に描かれた路上の露店

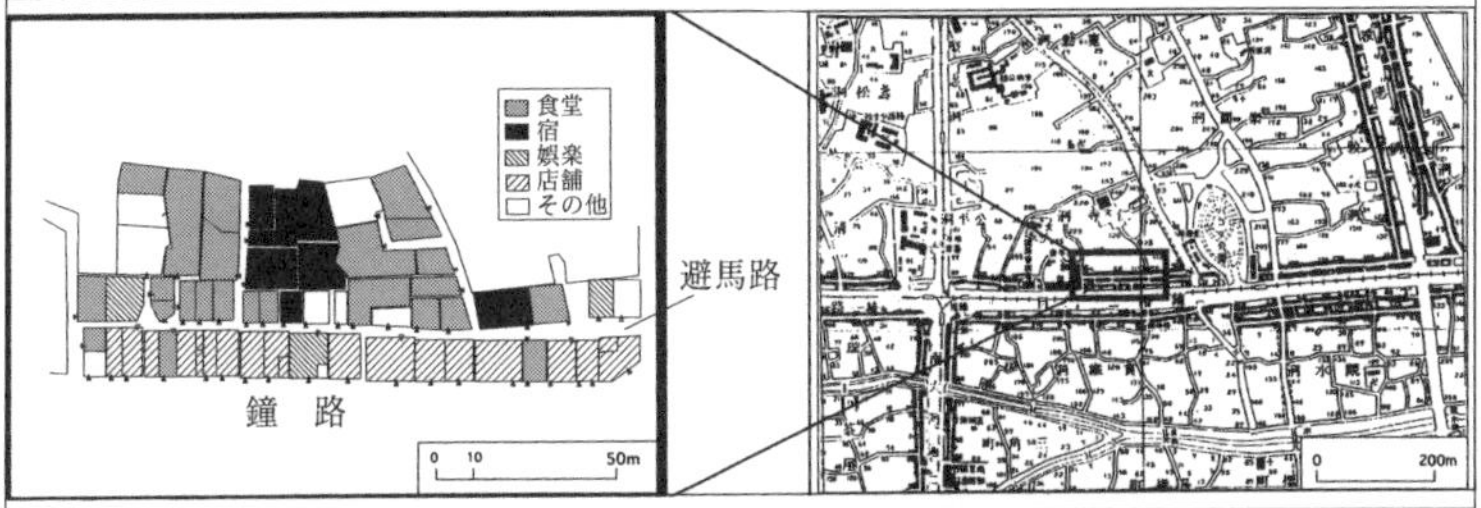

●—ソウルの侵街　鐘路の裏手には、避馬路と呼ばれた細い道がとおる。侵街の産物が現在のソウルのいたるところでみられる。一八八〇年代の写真にみえる茅葺の店舗は、いずれも侵街であろう。

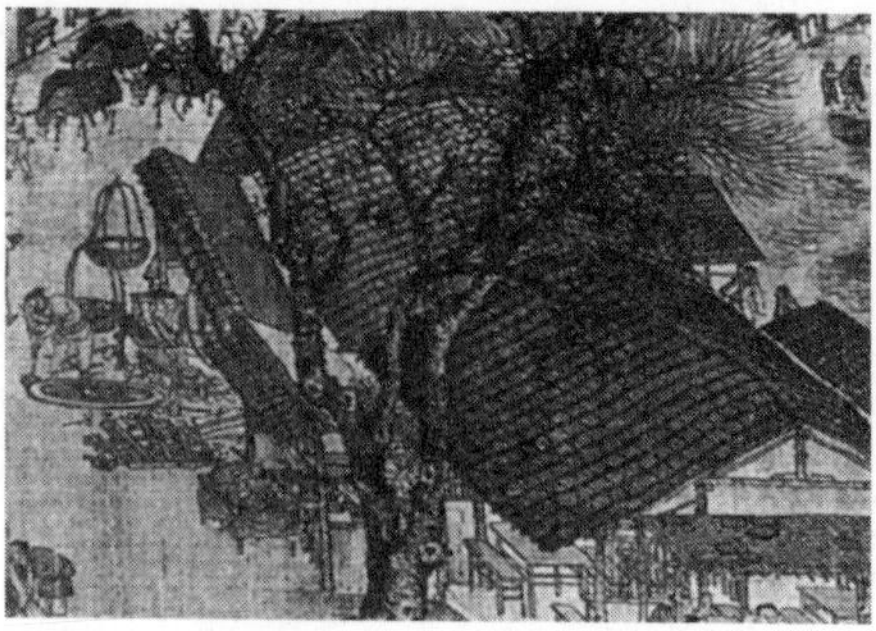
勾連搭に似た店舗（北宋『清明上河図』）

では、運河を埋め立てて占拠するほど過激なものであった。

ソウルでは、十五世紀初めの李朝期から、すでに官主導で道路上に「行廊」と呼ばれる店舗群がつくられ、それ以外の場所でも不法占拠がおこなわれていたから、都市の主要な道路は、ほとんど侵街といった状況を呈していた。

北宋の都の開封では、侵街がもっと深刻であった。開封では度重なる撤去・拡張命令ののち、九五六（顕徳六）年、街路の両側、全幅の約一割以内での使用が許可される。そこには、樹木を植え井戸を掘り、あるいは「涼棚」、すなわち日よけをつくることが許された。この涼棚こそが、侵街の口実となり、不法行為を助長させてしまった。茅葺《かやぶき》の仮設の涼棚は、しだいに瓦葺の常設の店舗へとつくりかえられていったのである。

そのようすは、北宋の開封を描いた有名な『清明上河図』に、しっかりと描かれている。しかも、注目すべきことに、侵街した店舗の多くは、北京と同じ勾連搭に似た形式でつくられている。そもそも、北京や開封は王都であるがゆえに、一般の建物は多層化することが禁じられていた。とすれば、この店舗独特の建築形式は、店の空間を前方の道路に拡大するため、侵街を繰り返しながら、

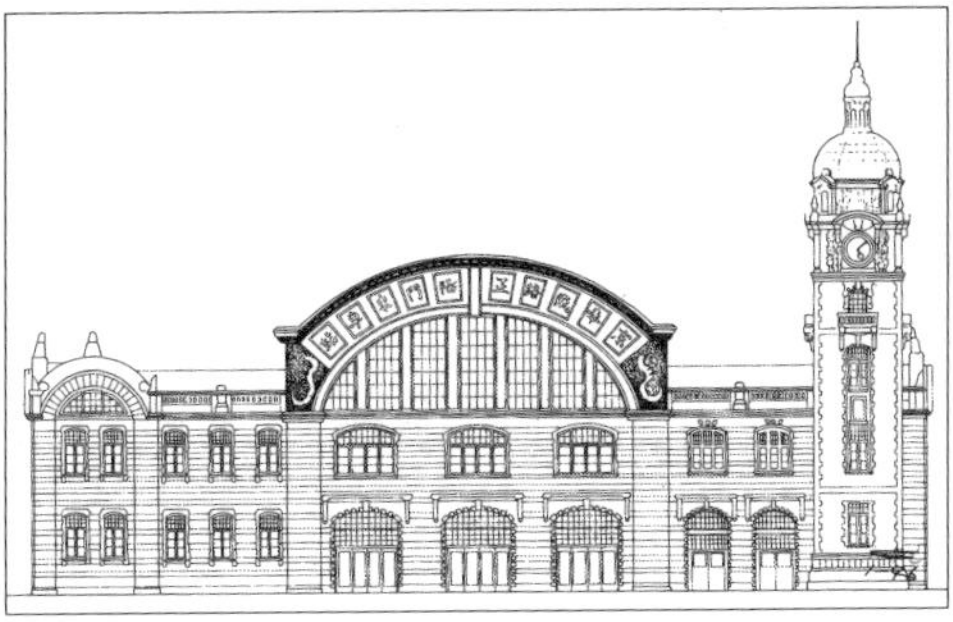

近代を象徴する外観をもった北京東駅

複数の棟を連ねた結果として生み出されたと考えられるのである。ちなみに、「組み立てる、架ける」を意味する勾連搭の搭という語それ自体が、仮設建築からの発展、つまり侵街との深いつながりをも想像させる。

都市の近代化

これまでに、清末にいたるまちの成り立ちと仕組みをみてきた。つぎに、現在の北京を直接的に理解するには、その上に展開した近代のメカニズムを分析することが必要となる。

北京は、一八九〇年代から、辛亥革命を挟んで一九一〇年代にかけて、故宮の一部など禁地の開放による鉄道や市街電車の開通、上水道や電力の供給といったインフラ整備が進められた。しかし、北京の近代化とは、むしろ近代以前に形成された街区の形態や構造、敷地割り、建築といった都市を組織するさまざまな要素を受け継ぎながら展開したことに特徴がある。

まず、四合院の並ぶ住宅地では、ほとんど変化は起こらなかった。歴史的に蓄積の多い整然とした住宅地では、大規模な近代化を持ち込むことが難しく、

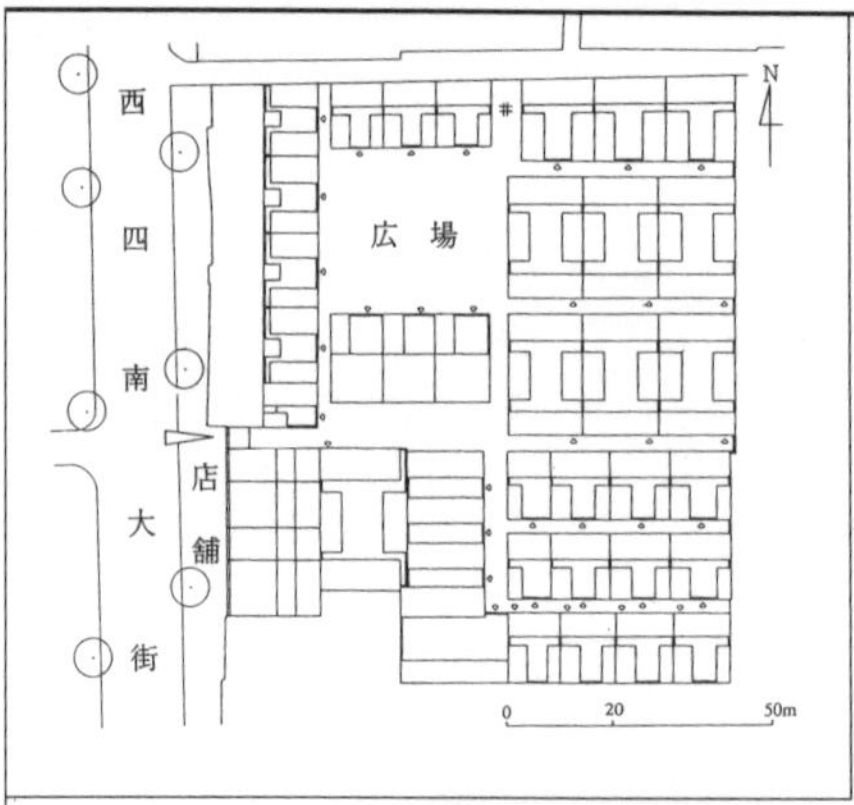

四合院を組み合わせた集合住宅
内城の西四。

入り口と道路沿いの店舗

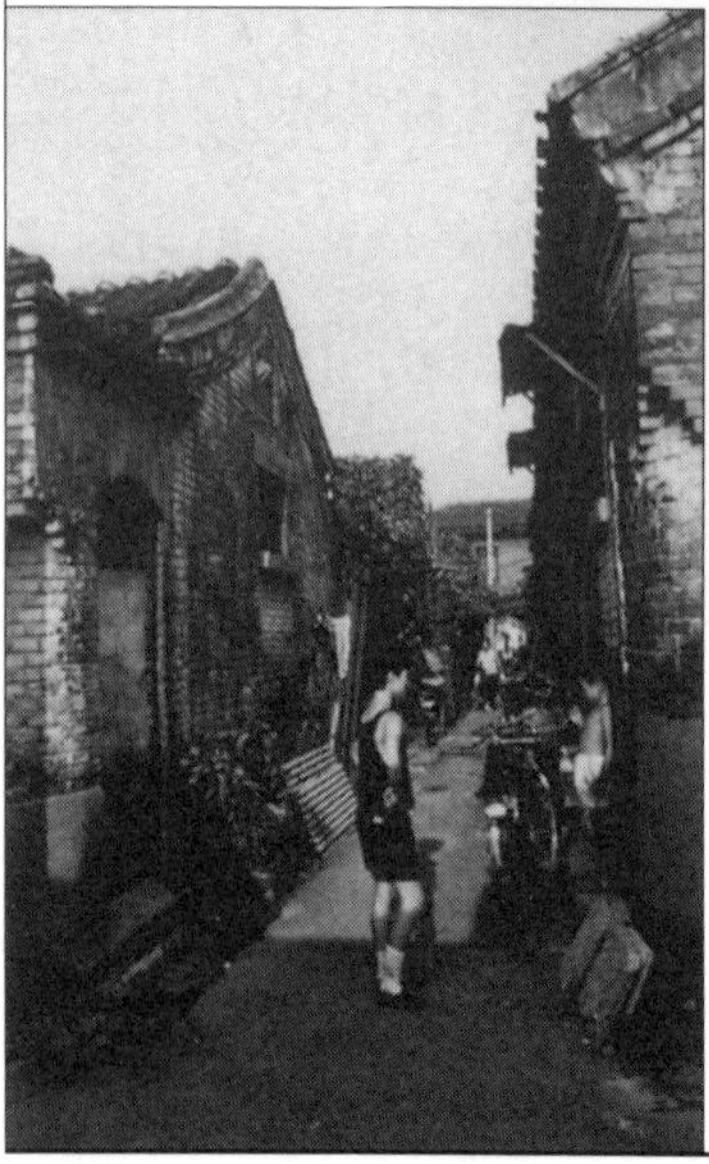

中央の通路と四合院

四合院の中庭

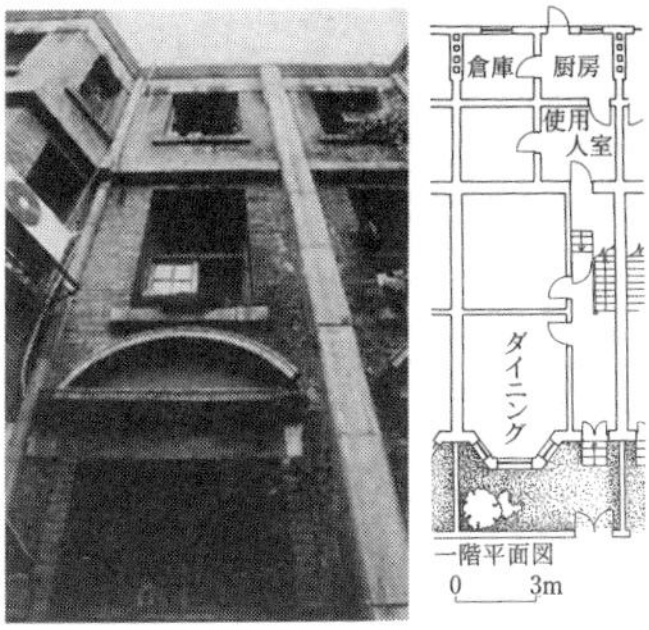

西欧のデザインを取り入れた集合住宅　内城の王府井。

四合院住宅の転用によって近代をむかえたのである。都市の歴史的な建物を積極的に活用する考え方は、当時から中国人にしっかりと根づいている。

だが、かつての空地や不規則な街区をもつ場所では、集合住宅の建設が進められる。しかも、内城の東と西といった場所の意味の違いは、その開発手法のあり方までも左右した。つまりそれは、住人の階層がたんに異なるというだけでなく、個々の場所のもつ街区形態、敷地割りなどのさまざまな条件が、建築の空間の構成に大きく反映したからといえる。

内城の西では、開放された貴族住宅の空地を利用して、四合院の空間を忠実に守り、それを組み合わせた集合住宅がつくられた。近代にはいっても、中庭と一体となった良好な住環境と四合院という格式が求められたのである。そのうえ、全体の構成さえもが、北京の歴史的な住宅地のあり方をそのまま応用している点が興味深い。中央に南北の通路が走り、そこから東西に路地が伸びて、その路地に面して南向きの四合院が並んでいるのである。

一方、内城の東では、高級品を売る商店街に近い一等地にふさわしく、店舗の裏手に西欧のデザインを先取りした集合住宅を登場させた。伝統的な中庭で

▼満洲八旗人　満洲とは、そもそも女真人を意味し、八旗とは、それを統一したヌルハチの時代につくられた軍事・行政組織をいう。色と模様の異なる旗印をもつ八つの組織から構成されるため、こう呼ばれる。清朝の支配民族としての彼らは、中華民国の時代に、圧迫される立場に追い込まれた。

旅館のアトリウム空間　外城の打磨廠。

はなく、一九二〇年代中期以降、近代の先をいく上海や天津で流行した前庭をもつテラスハウスである。地価も高いために、平屋ではなく、スキップフロアーをもつ三階建てのモダンな集合住宅であった。

　これら集合住宅の建設の動きには、一般庶民向けの住宅需要の高まりという背景があった。一九〇九年頃、人口の三割以上を占めていた満洲八旗人▲が、清朝の崩壊により失業したこととも深く関係している。こうした社会の需要にたいして、不動産企業や資本家は、多くの人を高密に収容できる賃貸式の集合住宅を供給するようになったのである。

　一方、商業地では、より一層の土地の有効利用が求められた。しかし、ここでも敷地内部の変化にとどまり、建物の多層化や中庭にガラスの屋根を架けるアトリウム化によって、それを実現したのである。とくに、アトリウム化は、旅館建築など、近代北京の商業施設にみられる顕著な特徴である。前近代の敷地を継承しつつ、近代のニーズに対応するための一つの解答であったといえよう。

　また、近代に新規に開発された地区がわずかにある。辛亥革命▲の成功によって、あとは自らの理想に突き進むだけの新政府は、都市における交通、産業、衛生などの事業を遂行する。その事業の一つが万明路・香廠路《こうしょうろ》の開発事業であった。

北京の近代的な理想のまちとはいかにあるべきか。近代にふさわしい道路、街区形態、敷地割り、さまざまな建築、街並みとは何か。そして、それをどのように実現させるか。この開発事業は、まさに北京の将来を見すえた実験的な役割を担っていた。新たな市街地を開発して、それを全市のモデルとする。そこでは「美観」が一つのキーワードであった。

彼らが考えた美観とは、おもに統一された洋風のデザインを繰り返すストリート空間の創出にあった。もちろん、そこには街路樹も植えられる。これによって、それまでの北京の都市空間には存在しなかった街並みが出現したのである。

また、この開発事業のなかで、その象徴的な役割を担ったものに、四階建ての上に三層の塔がそびえる「新世界▲」がある。娯楽施設の新世界は、正面のロータリーと一体化させて、近代の交通システムだけでなく、新たな都市デザイン

▼辛亥革命　一九一一年に始まる革命で、孫文が臨時の大総統につき中華民国が成立した。

万明路・香廠路地区計画図案

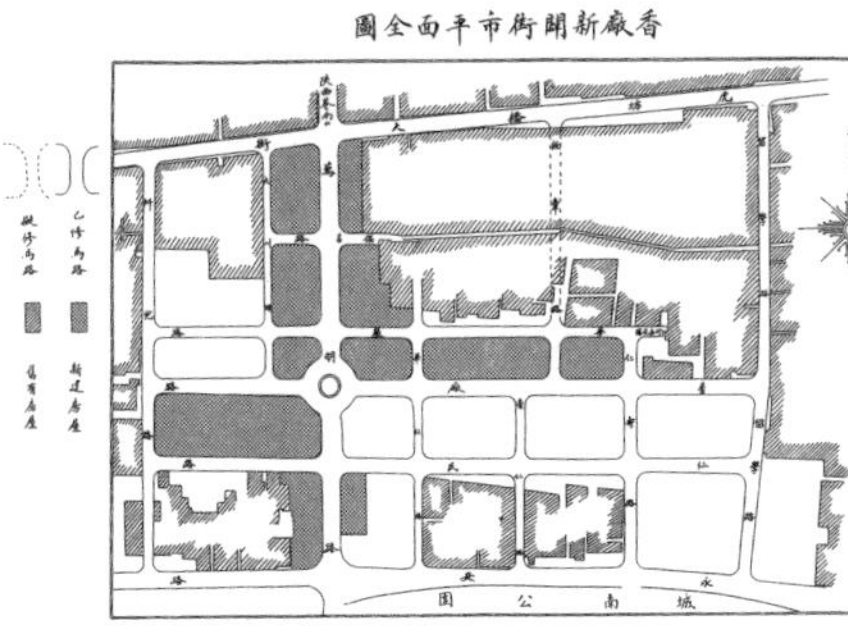

▼新世界　一九一七年、アトキンソン&ダラス建築事務所設計。一階に劇場、二階に映画館、三階にサーカス場、四階にレストランや喫茶店があり、屋上には庭園と遊戯場・動物園をもつ一大娯楽施設であった。

●——新世界

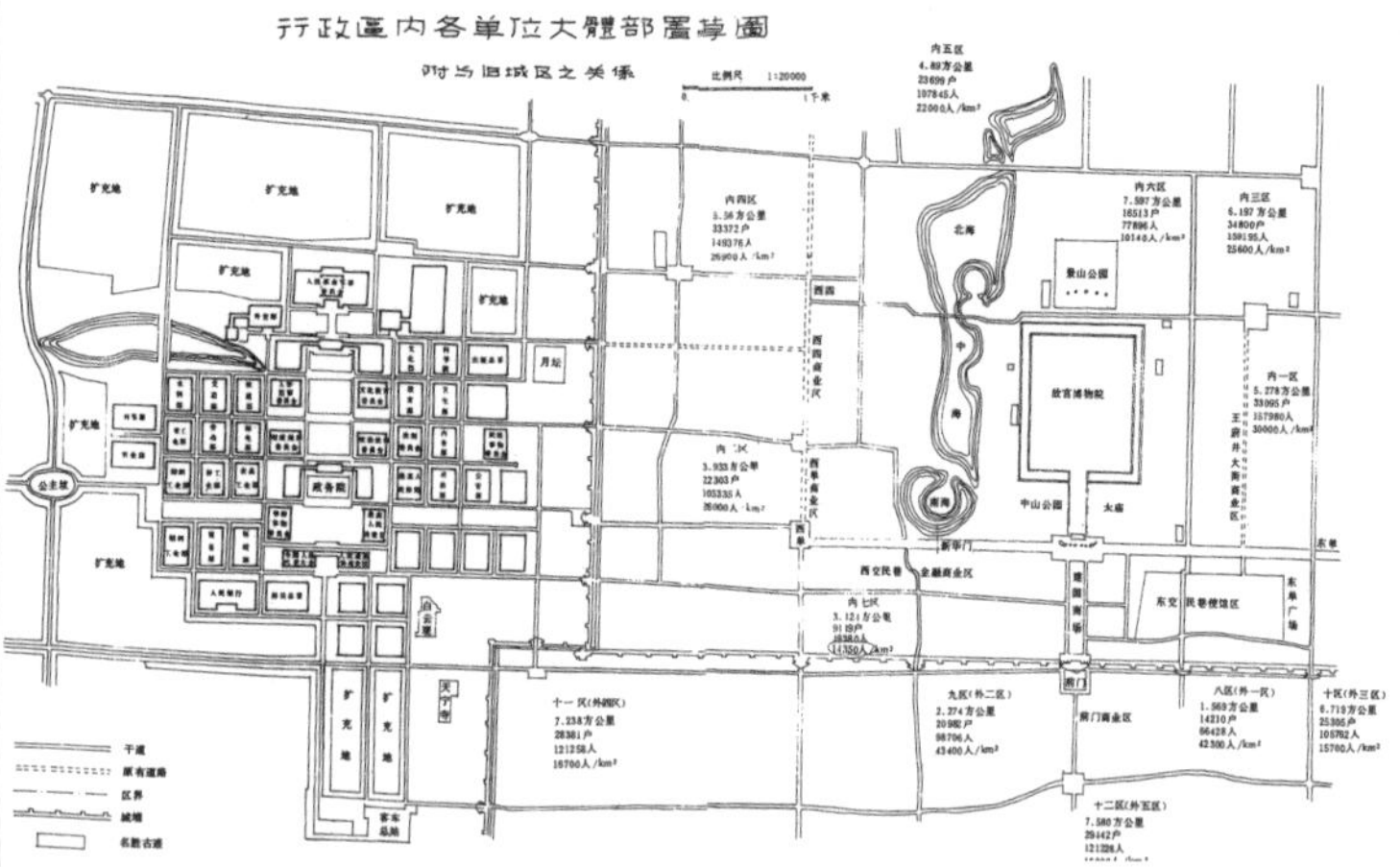

●——理想都市の計画案　左が新行政官庁地区、右が北京の旧市街地。

をめざした近代北京の夢であった。

都市空間の伝統再生

こうした時代をへて、一九四九年十月一日、大群集を前にした天安門の毛沢東は、声高らかに、中華人民共和国の設立を宣言する。当然のごとく、その首都たる北京は、新生国家にふさわしい理想的な都市でなければならないと考えられた。

都市・建築の専門家にとって、首都としての北京の理想像は、郊外の発展にあった。ハワード▲の田園都市論にならって、都市を比較的小規模な地区に区画しつつ、中間に緑地帯を設け、職住一体を実現しながら、身近な緑に接するといった主張である。だが、共産党の指導者たちには、旧市街の再開発しか頭になかった。当時、中国を指導する立場にあったソ連のモスクワが、そのモデルであったからにほかならない。

そして、建国一〇周年事業の目玉となったのは、天安門広場の建設である。その東と西には、中国歴史博物館と人民大会堂が左右対称の位置に置かれた。

ストリートの建設風景　店舗の連続する右端に新世界がみえる。

▼エベネザー・ハワード（一八五〇〜一九二八）　イギリスの都市計画家。田園と都市の両方がもつ有効性を主張し、田園都市という概念を提案した。その都市イメージは、対照的に高密度な人口の都市を主張したル・コルビュジエとともに、二十世紀の都市計画に多大な影響を与えた。著書の邦訳に『明日の田園都市』SD選書、一九六八年がある。

天安門広場には、その後、一九七六年の毛沢東死去を受けて、翌年に毛主席記念堂が建設される。記念堂は、北京を貫く中心軸の真上に建ち、左右対称に構成された。

今なお、北京の都市空間は、支配者の手によって中心軸が強調されつづけている。たとえ、天安門広場が人民に開放されたとしても、象徴としての伝統再生がおこなわれているのである。

江南の水郷の人々

②—水郷都市 蘇州のまちづくり

天国の都

長江(揚子江)南岸の江南は、大小無数の湖沼が点在し、そのあいだを水路が縦横にめぐる独特な自然環境を形成している。ここでは、船がおもな交通の手段で、六世紀の隋代に建設が開始された江南と長安、北京を結ぶ大運河が、この地域を南北に貫いている。これらの水路とその水は、たんに舟運だけでなく、生活用水や農水産物の収穫のためにも欠かせない。江南の人々は、長い歴史のなかで、その豊かさをつねに享受し、華やかな都市文化を開花させた。

なかでも蘇州は水の都としてよく知られている。蘇州は、紀元前五一四年、春秋時代の呉国の王都として築かれたという。呉の国の人々は、純粋な漢族ではなかったことが知られている。今なお、このあたりでは、漢族には珍しく独自の衣装を身にまとう女性たちを見かけるが、雲南などの少数民族と古代からの関係があるとすれば興味深い。

さて、蘇州は、全国の統一をなしとげた秦以降、一度も首都になっていない。

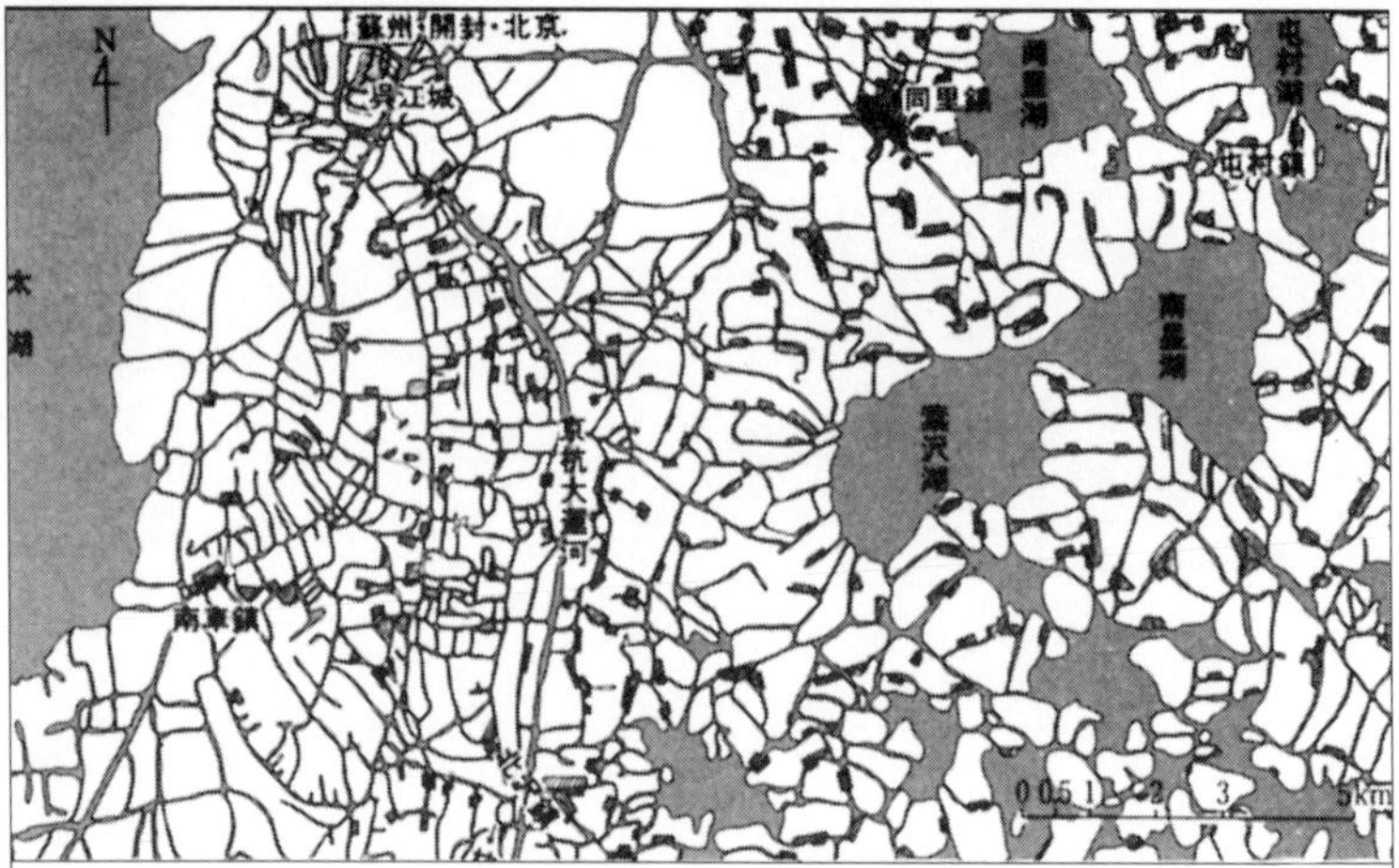

●—江南の自然地形　蘇州の南、呉江県一帯。左端に太湖、ほぼ左側中央には、南北に走る大運河。

●—『康熙南巡図』　一六八九年、清の康熙帝が二度目の南巡をおこなった際の盛況を描く。

江南の水郷風景

だから、正確には都とはいいにくい。中国の都市は、すべて皇帝のものである。首都としての都を頂点に、宋代以降は、一般に府—州—県といった都市のランクづけによって国家統治がおこなわれた。蘇州は、そのなかの府や州といった時間が長い。

だがしかし、宋代から今日にいたるまで「天に天国、地に蘇州と杭州」と歌われ、天国と並び称されるほど美しいこの水の都市は、各王朝の歴代の皇帝たちを引きつけるには十分過ぎるほどの魅力に満ちていた。「南巡」と称して、一生涯のうちに、いく度となく、蘇州に遊びに出かけた皇帝たちは数知れない。そのたびに、北方民族による侵略防衛のため、都を国土の北に置かざるをえない運命を恨んだであろう。

彼らを引きつけた蘇州の魅力とは、大きな宗教施設や豪華な邸宅といったいわゆるモニュメントそのものではない。むしろ、それは水路、橋、路地などの要素から組み立てられた都市全体の有機的な仕組みであり、またそれらのあいだを埋めて連なる中小の住宅や店舗なのである。

そして、江南と蘇州は、歴史学、社会学、経済学など多くの研究者をも引きつけた。本章は、これらの優れた研究成果のうえに成り立っている。

江南の自然と都市

九世紀唐代までの江南は、東シナ海からの塩水の進入、草木の生い茂る広大な水面など、人間の居住や生産には不向きで、環境や地形がきわめて不安定な状況にあった。したがって、都市や集落の立地は、わずかな山間部や微高地に限られ、蘇州もまた周辺よりやや高い場所に立地する。

十世紀から十四世紀の宋代から明代初期までは、江南の自立をめざして、統一的な開発が始まった時期といえる。耕地造成を目的として、内陸の水を排水するために、長江や東シナ海に抜ける大掛かりな水路網が整備された。これにより、「蘇州や湖州が熟すれば、天下に足りる」と歌われるほど、このあたりは中国を代表する穀倉地帯となる。

また、蘇州でも大きな変化が起きていた。とくに八世紀の安史の乱▲を契機として、黄河一帯から膨大な避難民が江南に移住し、都市人口とその密度が急激に増加していた。それにより、道路の舗装、また防火のための木橋から石橋へ

太湖東岸に孤立する島々　十八世紀の地図ではあるが、現在はほとんどが陸続きになっている(乾隆『蘇州府志』)。

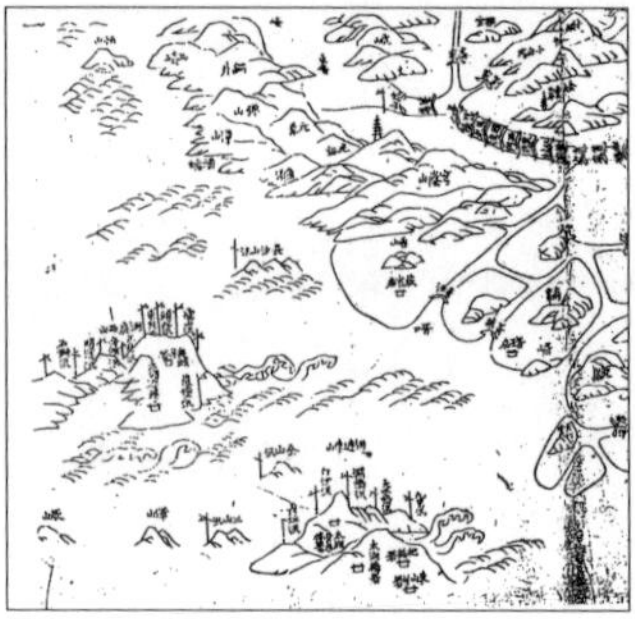

▼安史の乱(七五五～七六三)　唐の玄宗期の西方民族を中心とした反乱。この乱を契機に、南北朝以来の貴族社会は没落し、また五代諸国におよぶまで半独立的な軍事政権が興亡を繰り返した結果、当時はまだ辺境の地であった江南に膨大な避難民が移住した。

蘇州の水と共存する環境

の架け替え、屋根の茅《かや》から瓦《かわら》への葺《ふ》き替えなどが急速に進められたのである。

つぎの十五世紀から十七世紀の明末清初には、さらに毛細的な水路網をふやし排水機能を高めたことによって、江南全体で水と共存するもっとも安定した環境が生み出された。それと一体となって成立し、最盛期をむかえたのが鎮と呼ばれるマーケットタウンである。蘇州の都市内部でも、この明末がもっとも水路の発達した時期であった。

しかし、すでに江南は人口、土地ともに飽和状態であった。それゆえ、このあたりは、長江中流に産する湖広米の消費地へと転じ、「蘇湖熟すれば天下足る」などの歌は、「湖広熟すれば天下足る」と言い換えられるようになる。その一方で、江南では消費と享楽の都市文化が大きく開花する。

蘇州や周辺の小さな町は、居住や生産には適さない困難な自然環境を克服しながら、それを安定した定住地へと変えていくことによって成立、発展した。蘇州は、その長い経験のなかで、水郷という独特な環境と一体となりながら、水を軸とした個性ある都市空間を生み出していく。

歴史のなかの都市イメージ

都市を描いた古地図や絵巻は、都市空間のあり方を知るのに欠かせない史料である。当時の人々の営みや風俗さえも読み取れる。それだけにとどまらない。描いた作者がもつ歴史のなかの都市イメージをもつかみとることが可能だ。

水の都市として、その姿を今に伝える『平江図』は、一二二九(南宋紹定二)年につくられた蘇州の都市図である。しかも、七〇〇年の歳月をへた今もなお、東西三・五キロ、南北四・五キロの都市形態ばかりか、道路や水路の骨格もほとんど変わっていないことは、驚嘆に値する。

縦二・七六メートル、横一・四五メートルの一枚の石板に彫られた『平江図』でまず際立つのは、都市を長方形に囲む堅固な城壁だ。その中央には、まわりを壁で囲まれた衙門《がもん》(官庁の役所)があり、都市全体で二重の入れ子型の構造をもつ。城壁の内部は、東西・南北の直交するグリッドの上に、まず水路が計画され、それと平行に道路が付けられ、水路と陸路が一体となった交通網がつくられている。

もう、おわかりだろう。北京の都市にきわめて似ている。地図の世界からみ

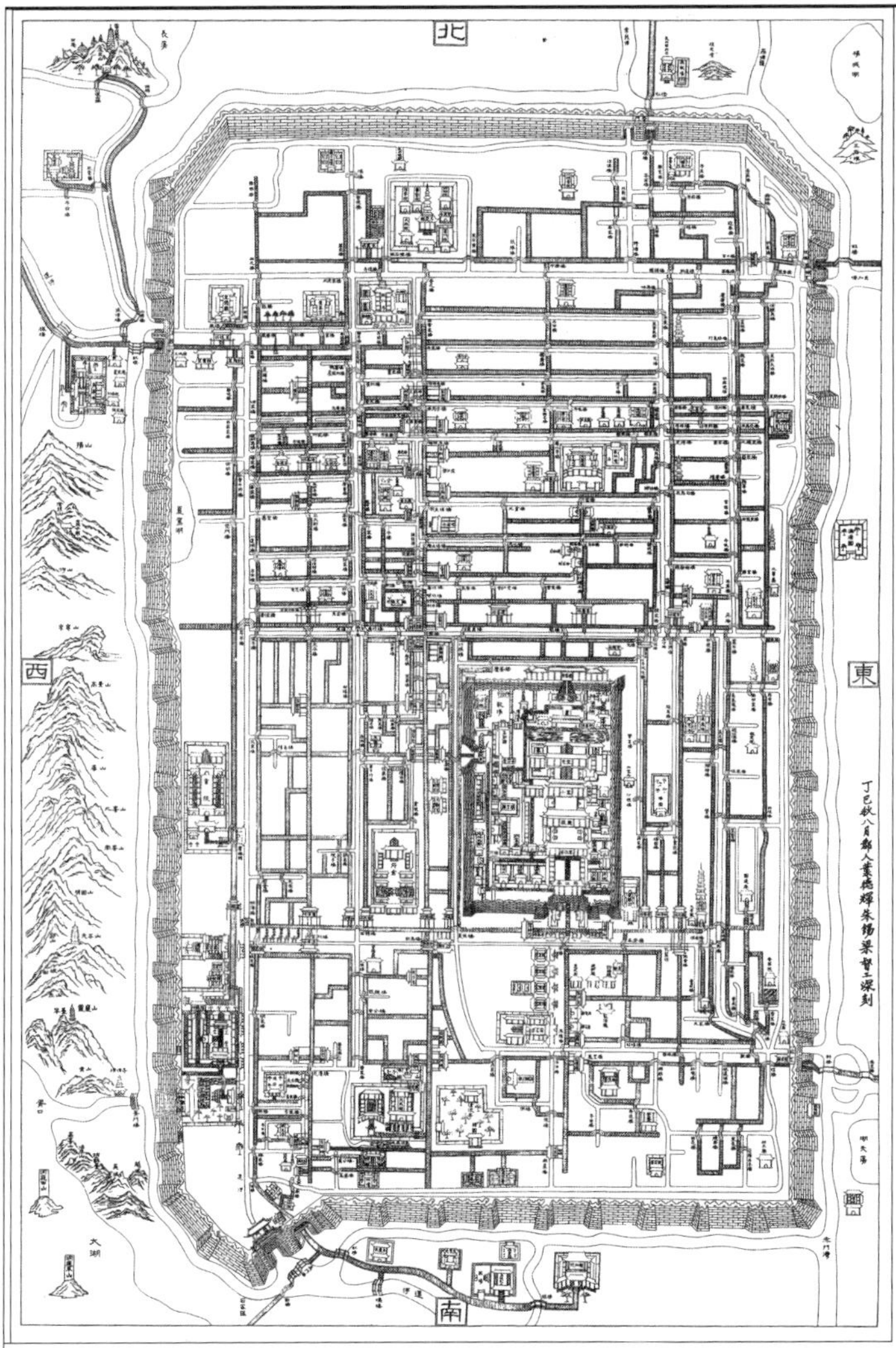

●—『平江図』 蘇州は、宋元には平江と呼ばれた。

『平江図』の修正　『平江図』のゆがみを一九三八年の『最新蘇州地図』を使って修正した。

る蘇州は、北京に水路が加わっただけのようにみえてしまう。地方都市であろうと、皇帝のものであることに変わりはないことを示しているかのようだ。しかも、儒教の教えに規範を置く都市のあり方が、長い歴史のなかでつねに観念と実践の両方で支配しつづけてきたことを改めて実感させる。

では、蘇州では、中心軸と左右対称の特徴はどうなっているのか。

『平江図』をみるかぎり、衙門は東に偏り、左右対称も崩れている。ところが、現在の地図と重ね合わせると、当地の支配の象徴でもある衙門が誇張して大きく描かれたために、都市の南部と東部が実際のスケールよりも縮小されていることが明らかになる。それを修正すると、北京ほど明快とはいえないまでも、南北の護龍街の上にのる中心軸と左右対称の構造がみえてくる。

中心軸上の道路は、もともと臥龍街《がりゅうがい》と呼ばれ、清朝の皇帝が訪れた際に護龍街と改名された。龍が横たわる通りから、龍が守る通りへと変わったのである。この名が示すように、風水師の説として、一匹の龍が蘇州を守るという伝承が古くからある。都市を南北に貫く護龍街をその身体とし、北の北寺塔を尾、南の府学を首、よい気がはいる辰巳の方向、つまり東南の双塔を角《つの》に見立てる。

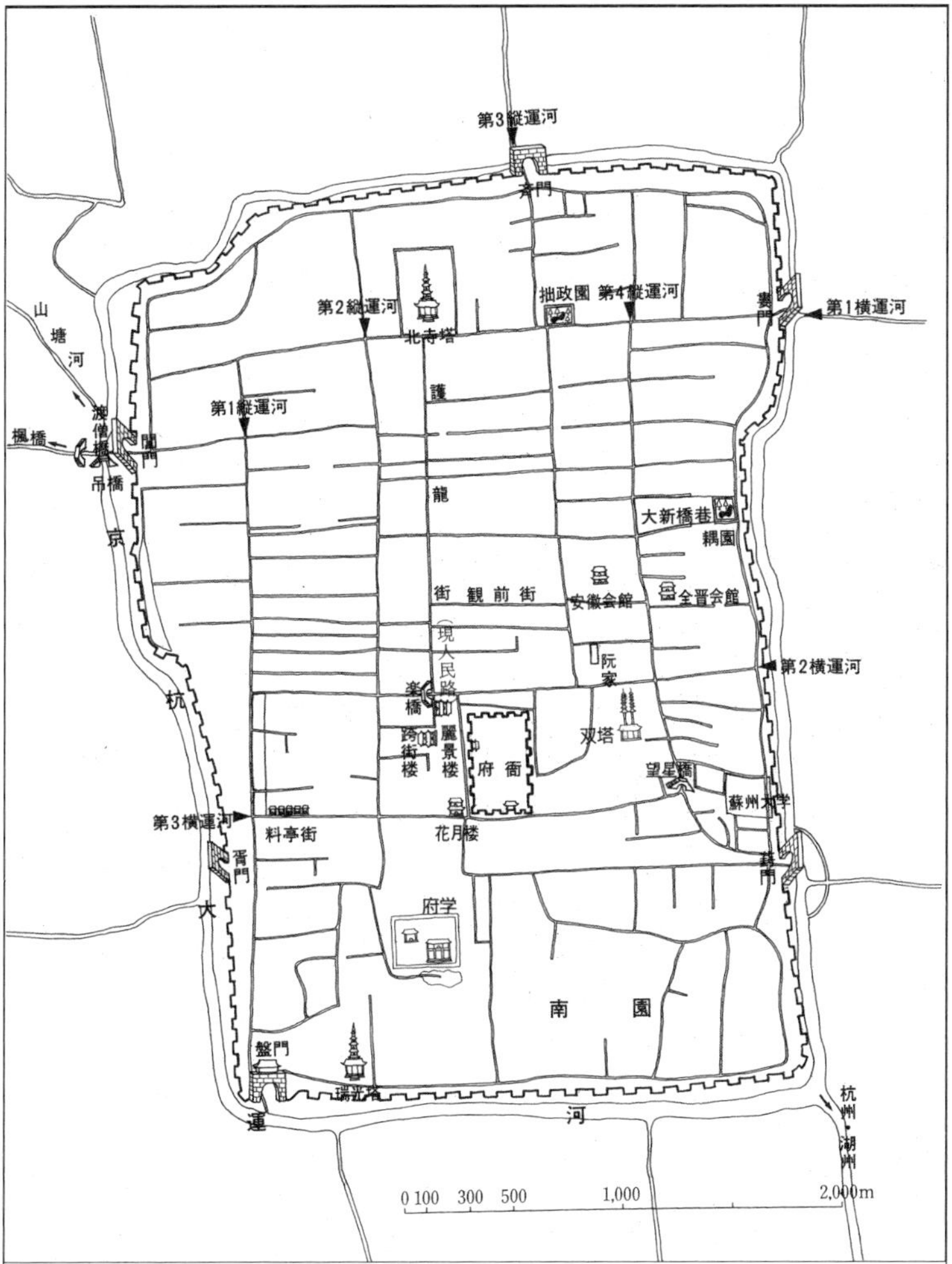

第3縦運河
斉門
第2縦運河
北寺塔
拙政園
第4縦運河
婁門
第1横運河
山塘河
第1縦運河
護
楓橋
渡僧橋
閶門
吊橋
龍
大新橋巷
耦園
京
街
観前街
安徽会館
全晋会館
（現人民路）
阮家
第2横運河
楽橋
杭
双塔
跨街楼
麗景楼
府衙
望星橋
蘇州大学
第3横運河
料亭街
花月楼
胥門
葑門
大
府学
南園
盤門
瑞光塔
運
河
杭州・湖州
0 100 300 500 1,000 2,000m

●—龍が眠る蘇州

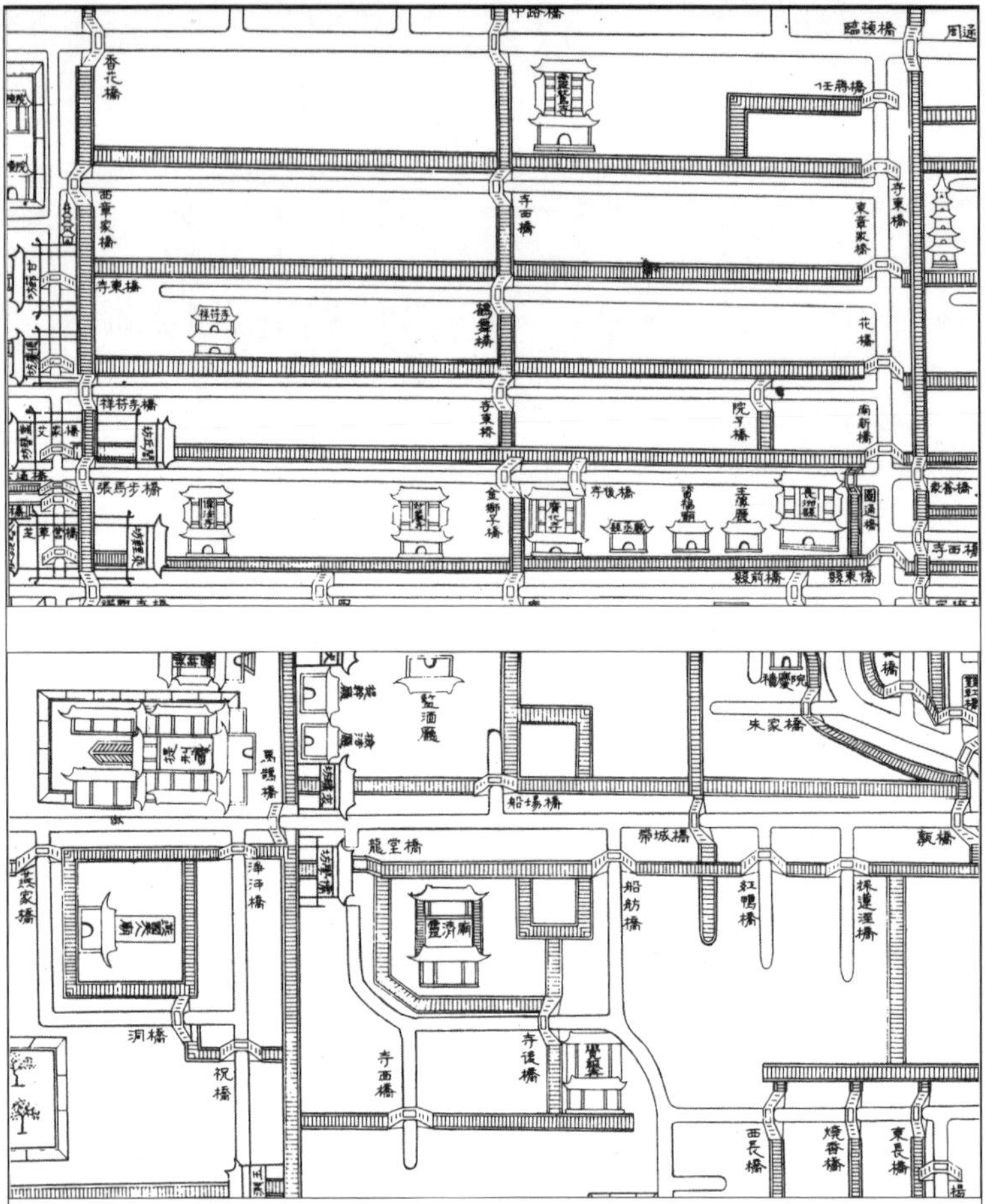

●—『平江図』に描かれた北部と南部

●——北宋の張択端『清明上河図』に描かれた郊外の農村(上)、水辺の商業地(中)、都市的な地区(下)

▼町割り　本来、町割りとは、江戸の城下町において、街路形式や土地利用などを決定するために、土地を配分することをいうが、本書の中国都市においてもそのまま使用し、とくに意味として街区の集合形態を強調したい。

そして、府学の前にある二つの井戸を眼とし、その脇に薄荷《はっか》を植えて脳とした。熱帯産の龍脳《りゅうのう》と書く樹木の匂いが、あまりにも薄荷に似ているためであるという。このようにして、蘇州が最初から計画されたとは思わないが、後世にあっても、北京と同様、コスモロジカルな考え方が確実に存在した。

ところで、『平江図』では、なぜ蘇州の北と西が大きく描かれたのだろう。『平江図』をみると、衙門の南部一帯は、水路や道路がくねくねと折れ曲がり、行き止まりのものも多い。この一帯は、各時代を通じて湿地帯のままであり、荒涼とした風景が広がっていた。それに比べ、北部は整然とした町割り▲がなされ、北京の住宅地ともよく似ている。また、『平江図』には宗教施設も描かれているが、圧倒的に西側に多い。安史の乱から逃れてきた人々も、この西側に住みついた。つまり、南宋の蘇州では、北部と西部に人が多く住み、市街化が進んでいたことを意味するものといえる。作者は、その都市のイメージを『平江図』に表現した。

北宋の開封を描いた『清明上河図』も同じだ。絵巻の前・中・後の主題に、それぞれ郊外の農村・水辺の商業地・都市的な地区の三つの要素を描き、それらをつなげて当時の都市イメージとした作者の主旨が読み取れる。自然の豊かな郊外を都市のイメージに含んでいることが興味深い。さらに、『清明上河図』▲は、唐から宋にいたる中国都市の変革のようすをも描ききっている。

唐宋の都市変革

では、『平江図』の時代は、蘇州にとって何を意味したのだろうか。

一一三〇年の金の侵攻によって破壊された蘇州は、一二二三年までの大規模な修理によって蘇る。范成大▲編纂の蘇州の地志である『呉郡志』とともに、その記念碑として建立されたのが『平江図』だ。ちょうど唐から宋のこの時期までに、城壁は「版築《はんちく》」と呼ばれる土を突き固めたものから、レンガを積み上げたものへと変化する。蘇州の都市もまた、大きな変革のなかにあった。

八二五年、つまり『平江図』が描かれる四〇〇年前の唐代、蘇州に着任した白《はっ》居易《きょい》が「七堰八門六〇坊、……東西南北橋相望む、水道は脈のように分れ、船の棹は連なり、坊は碁盤の目のごとく配置され、城は方形である」という詩を詠んでいる。

▼**『清明上河図』**　絵巻には、道路の不法占拠が普遍化していくようす、建築の構法が唐宋の両方の特徴をもつようすなどが如実に描かれている。拙著「『清明上河図』都市建築考」『アジア遊学』11を参照されたい。

▼**范成大**（一一二六〜九三）　南宋の詩人。蘇州・呉県の人。

▼**白居易**（七七二〜八四六）　唐代中期の詩人、官僚。白楽天の楽天は字。

水辺に立つゲート

まず、「城は方形である」といっている点に注目したい。『平江図』の長方形が「方形」に含まれるかどうかは別としても、宋代以降の都市形態には「亜字形」という表現が使われる。また、八七六年の工事で「修完」あるいは「重築」といった増築を意味する表現がみられる。このように、唐末の工事によって、蘇州は拡張された可能性があるのだ。しかも、唐から宋へ移行する過程で、中国の都市に拡大の傾向があることは、伊原弘も指摘している。

つぎに「六〇坊、……東西南北……碁盤の目のごとく」という部分を取り上げたい。坊とは、区画された住宅地をいう。すでに唐代の蘇州では、東西・南北に区画された六〇からなる坊が整然と連なる都市であったことが知られる。『平江図』に描かれた坊を示すゲートは、五つ多い六五を数える。やはり拡張されたのだろうか。

だが、坊は、唐から宋のあいだに制度を変え、範囲や名前もよく変わるため、比較ができない。かろうじて、東西・南北に区画された構造をもつ都市であったことは確かだ。そもそも、『呉越春秋』に「水陸両路は互いに井字形に交錯する」と記録されているから、すでに西暦二〇〇年頃には、この種の都市空間を成立させていたことが知られる。

都市の寸法体系

中国では、時代ごとに長さの単位の実数が異なる。そこで、都市の計画や再開発をおこなう際の基本となった寸法体系を見つけだすことができれば、唐から宋への都市変革の内容を違う視点から推察できるはずだ。

江南では、宋代にはいると、水路を計画するうえでの理念、すなわち水利や治水の学問が盛んになる。その理念を詳細に説いたのが北宋の蘇州の水利学者、郟亶《こうたん》▲である。郟亶は、詳細な現地調査を踏まえたうえで、南北方向に浦、東西方向に塘と呼ばれる二種類の交差する水路をグリッド状に配し、低湿地に溜まった水を長江などに排水することを主張した。そのうえで、交差するグリッドは、過去の人々が形成した水路にならって、五里あるいは七里ごとに南北方向の浦を、七里あるいは一〇里ごとに東西方向の塘を配置するというものである。

ここで注目したいのは、このあたりの水路には、すでに間隔の規則が存在し、北宋の長さに換算すると、五里や七里、一〇里になるという点である。

▼**郟亶**(一〇三八～一一〇三)　北宋の水利学者。蘇州・昆山県の人。

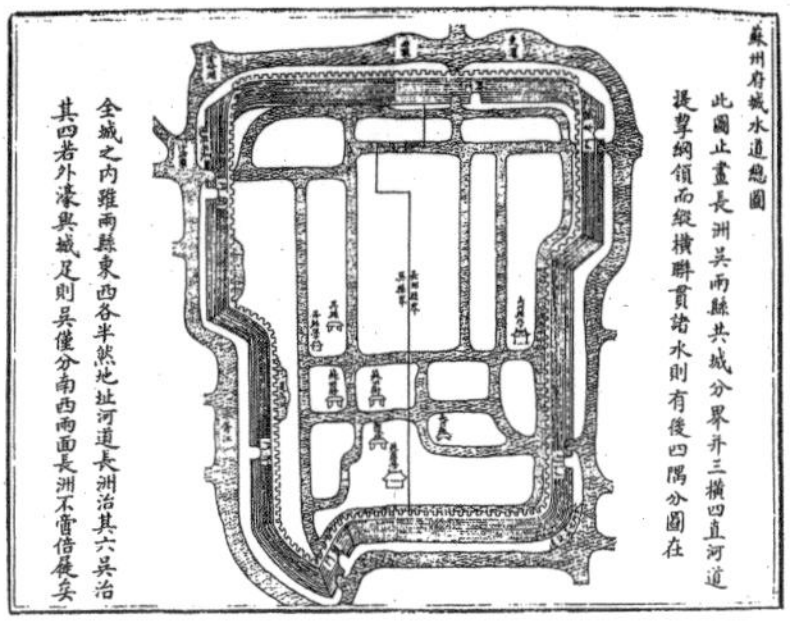

横三本、縦四本の主要水路(明末『呉中水利全書』)

そこで、蘇州の周辺を含め、近代の正確な地図をベースに、文献や古地図から確認できる古い水路だけを選び出し、また、都市内部の水路にかんしては、十二世紀にはすでに存在したといわれる横三本、縦四本の主要水路を示す図を作成した。そこに、北宋の一里▲をあてはめると、規則にもとづく水路網が、いくつかの点ではっきりと浮かび上がってくるではないか。

まず、蘇州の周辺には、郟亶の調査報告とほぼ同じ東西に五里、南北に五里または七里の間隔の規則をもつ幹線水路が見出せる。つぎに、蘇州は、そのうちの四本の幹線水路がつくりだす五里四方のグリッドを中心とし、しかも都市内部の主要水路三本と東側の城壁の位置がそれらと合致するのである。そもそも、この四本の水路がつくりだす範囲は、まるで長安のように、水路が整然と計画された蘇州のもっとも古い地区と考えていた場所だ。

過去の人々が引いた水路の間隔の規則は、都市内部の水路とも関係が深いことがわかってきた。とすれば、五里四方のグリッドの南側は、東西五里、南北七里からなる幹線水路のグリッドの一部が、後世に取り込まれたと考えることができる。しかも、五里四方の内部が整然とした水路網をもつのにたいし、こ

▼**北宋の一里**　本書では、度量衡にかんする文献を参照したうえで、一般的な数値を採用した。宋一里＝五七四メートル。

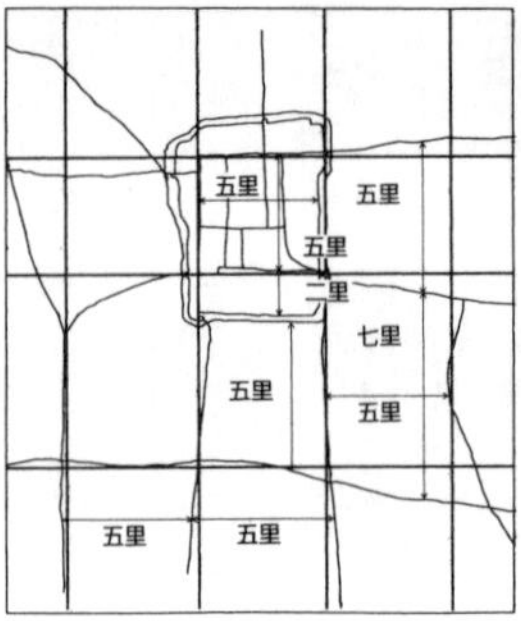

幹線水路網のグリッド図

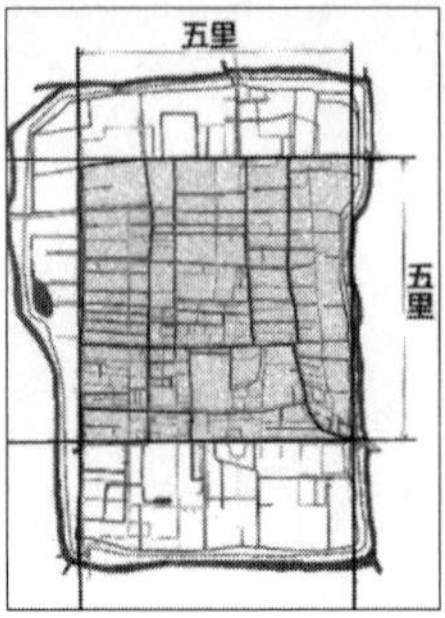

幹線水路と蘇州の関係図

の南側は、『平江図』をみると水路や道路が曲がりくねり、形成のあり方、つまり都市の履歴が明らかに異なっている。

だが、蘇州の北部と閶門《しょうもん》付近の西部は、過去の人々が引いた幹線水路のグリッドと何の関係も見出せない。

ここで、唐代の一里のグリッドを蘇州にあてはめてみる。すると、この二つの地区の長さは、いずれも唐代の一里▲に相当するではないか。しかも、都市の形態と規模さえも、唐代の一里四方のグリッドと完全に合致している。伊原弘は、これらの地区につくられた宗教施設などに、唐末以前の建設を確認できるものがなく、多くが南宋以降に建てられたものであると指摘する。まさに、この北部と西部こそが、唐末の工事で拡張された部分であることを裏づけるものではないだろうか。

こうして、蘇州では、過去の人々が定めた幹線水路網を下敷きとし、都市全体の骨格を形づくり、唐から宋にいたる都市変革のなかで、里制にもとづいた改造をおこなって、『平江図』に描かれた新たな都市の形態と規模を生み出したと考えるのである。

幹線水路と蘇州南部の関係図

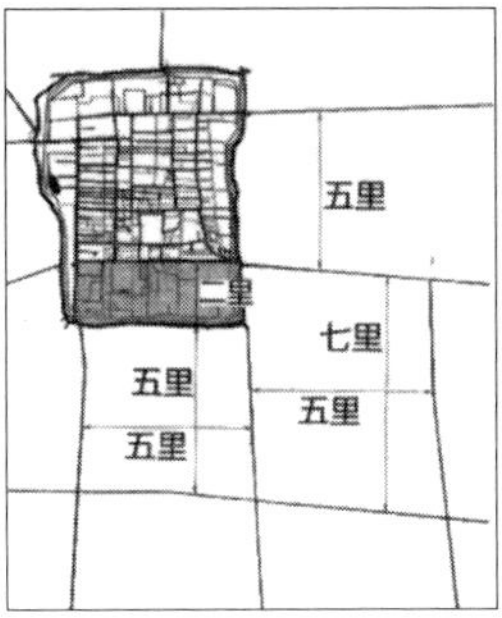

▼唐の一里　唐一里＝五三三メートル。

唐代の一里と拡張部分の関係図

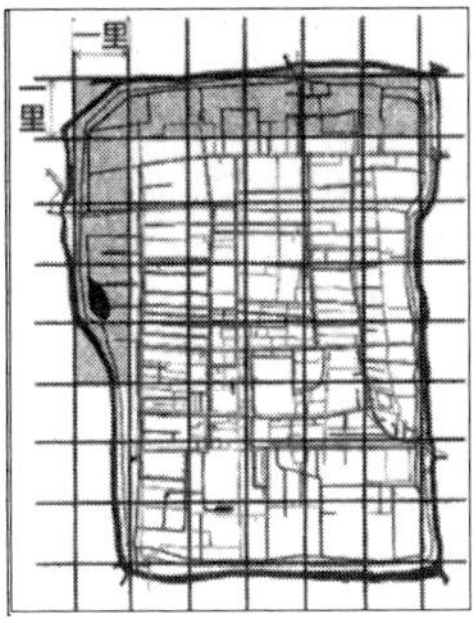

過去の人々とは、おそらく六世紀の南北朝までの人であろう。四世紀、晋室の江南への遷都▲によって膨大な人口が流入し、それを契機に統一的かつ基礎的な開発が初めて、しかも飛躍的に進められた。同時に、北朝時代は、全国に均田制度を普及させた時期でもある。

浮かび上がる紀元前の都市

では、都市内部のもっと小さな水路網から、一定の規則を読み取ることは可能だろうか。

『平江図』に描かれた都市内部の水路や道路には、一部の主要水路を除いて、かつての幹線水路や唐宋の一里四方のグリッドとはなんら関係がみられない。そこで、正確な数値を導くのさえ容易ではないが、一気に時代を飛び越え、蘇州誕生の周代の一里▲四方のグリッドを重ねてみる。

すると、蘇州の横三本、縦四本の主要水路のすべてがグリッドの線上あるいは半里の線上と重なる規則が見出せるのである。しかも、半里にのるのは二本だけで、ほかの五本はすべて一里四方のグリッドにのる。そのうえ、主要水路

▼江南への遷都　北方民族の反乱によって、洛陽・長安が陥落し、三一六年、晋王朝は滅亡する(西晋)。その翌年、一族が江南に逃れて、東晋王朝を建てた。

▼周の一里　周一里=四一二メートル。

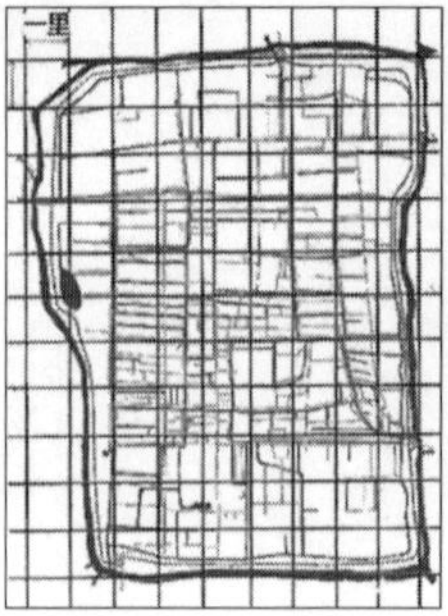

周代の一里と蘇州の主要水路

周代の一里と都市中心部

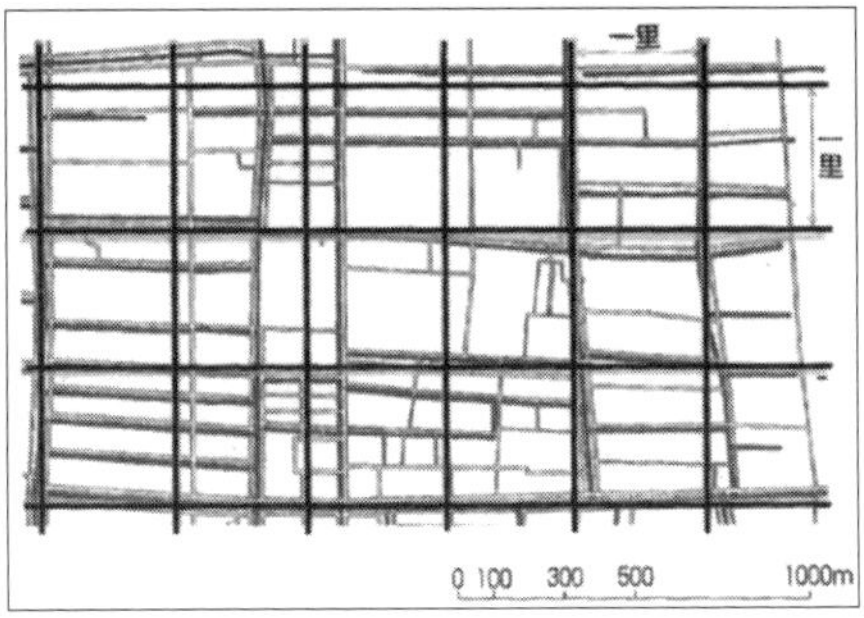

ばかりか、町を貫くような重要な水路は、いずれもこのグリッドの線上にあることに着目したい。

とくに、東西・南北のグリッドに整然と区画された都市の中心部では、明らかにこのグリッドを下敷きにして町割りがなされたと思えるほどの明確な関係が浮かび上がる。『平江図』とも比較しながらこの中心部を具体的にみると、全体で南北方向に三つ、東西方向に六つの、合計一八の周代の一里四方のグリッドと重なる。

そのうち、一一の各グリッドでは、東西に二本の水路がとおり、横に長い三つの街区が上下に重なって、一つのグリッドの内部を構成していることがわかる。また、残りの七つのグリッドも、大規模な宗教施設があって水路を物理的にとおすことができない、あるいは道路によって三つのブロックに割られているものばかりだ。つまり、周代の一里四方のなかに、二本の東西方向の水路をとおし、上下に街区を三つ連ねて各グリッドを構成するといった原則が見出せるのである。

周辺環境を含めながら、蘇州の都市の形態や規模、水路網には、周、南北朝、

周代一里のグリッド内部の原則

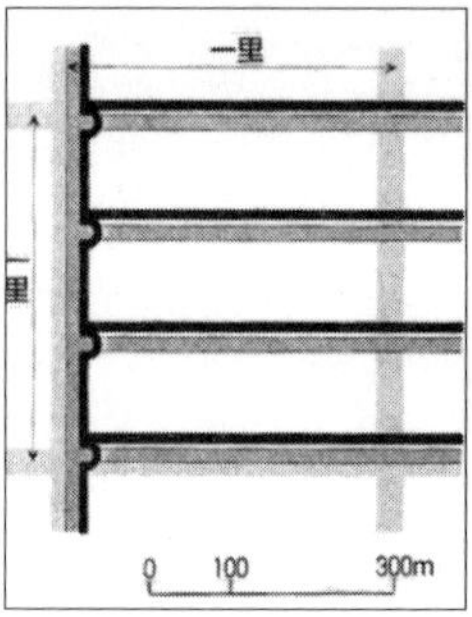

唐の各時代の里制を基本とした寸法体系が存在し、それらにもとづいて都市が形成されてきたのではないだろうかと考えてみた。

こうした考察は、さらに多くの根拠を必要とし、また、使用した各時代の里の数値も一般的なものであって、より詳細な分析が求められるであろう。

しかしながら、われわれが都市を解読する際に、それがいくら計画的な都市であったとしても、形態や規模、内部の構造などが、ある時代に突然すべてできあがるということは不可能である。今に生きる都市は、時代ごとに、いくつもの層が積み重なって成立している。その重なり方をひもとくために、都市の根底に横たわる規則を掘り起こし、形成のプロセスとの結びつきを探る作業も一つの有効な方法となるはずだ。

住宅地の開発

さて、蘇州の都市空間をより具体的に理解するために、水との強い結びつきのもとに、人間のための優れた住宅地の環境がどのように開発されてきたのかを見てみよう。

住宅地の水辺

その前に、蘇州の統治システムについて簡単にふれておく。七世紀末、蘇州は、それまでの呉県の一県統治から、都市の中心軸となる護龍街を境に、東側を長洲県に分割し、二県統治となる。県は州の下のランクではあるが、一方で州の拠点となる州城は、州全体を管轄するのであって、州城のみの統括者は存在しない。そのため、複数の県に分割して、州城を統治する。

蘇州は、この西側の呉県の都市化が早くから進んだ。南宋の『呉郡志』の記録から、都市の区画をあらわす坊の数、また水の都市に重要な橋の数をみても、その密度は西側がはるかに高い。そもそも水の都市の蘇州では、流れの上流にあたる西北側が優れた住環境を確保しやすい条件にあった。政治家や文学者の邸宅も集中していたという。官庁街、商業地、歓楽街に隣接する蘇州の高級住宅地として、早くから開発が進められたのである。

明代にはいると、西の城外一帯に大きな商業地がつくられ、呉県優位の形勢は一段と顕著になる。一方、長洲県では、通勤労働者のはた織り工などが多く住むようになった。住民の増加は、宗教施設の数にもあらわれる。長洲県東部にある宗教施設のほとんどは、明末清初に建設されている。そもそも、寺廟の

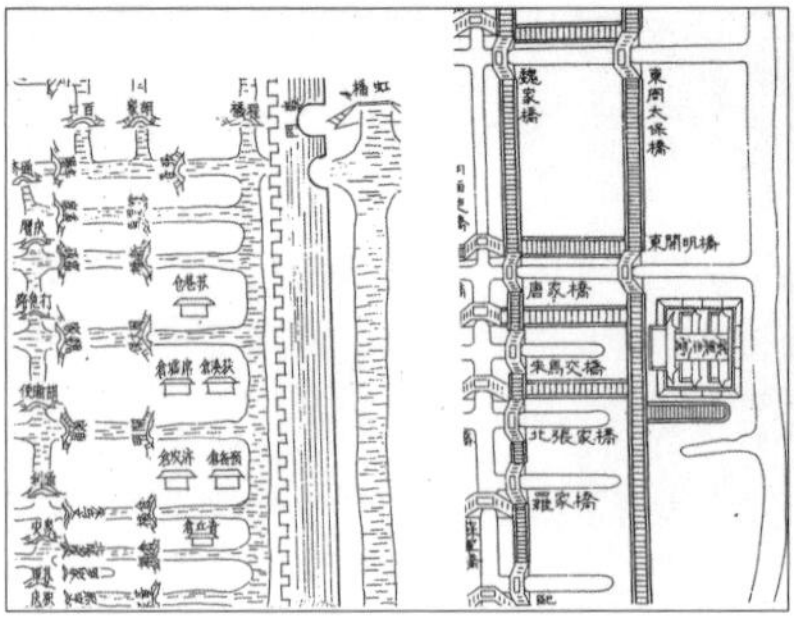
『水道総図』と『平江図』の比較

拙政園

建設には、それを財政的に支える地元の人々の存在が不可欠である。蘇州では、「圖《ず》」という町内会に似た末端の組織が道路や橋の管理、水路の浚渫《しゅんせつ》、町内の警備などの役割を担っていた。

こうした状況を受けて、長洲県では、住宅地の整備が進められた。明末『呉中水利全書』に載る『水道総図』と『平江図』を比較すると、長洲県東部の水路が、宋代では行き止まりになっていたにもかかわらず、すでに明末までには通りぬけていて、四周を水路で囲まれた横に長い方形の住宅地が整然と連なっている。

ここで注目したいのは、住民の階層や形成の時期が異なるにもかかわらず、この住宅地整備が、遅くとも南宋までに成立していた呉県の住宅地と同じ方法をとっているという点である。四周を水路で囲い、その南側に道路をとおす住宅地のモデルが、明代においても継続して採用されたことを示す。

しかしながら、開発時期の違いは、蘇州に有名な庭園の数や規模にあらわれている。小規模な庭園が数多く点在する呉県とは異なり、土地に余裕のあった長洲県では、拙政園《せっせいえん》のような大規模な庭園が明代中期から築かれるようになる。

この明末清初は、蘇州の商業地の開発においても、新たな展開をむかえた時

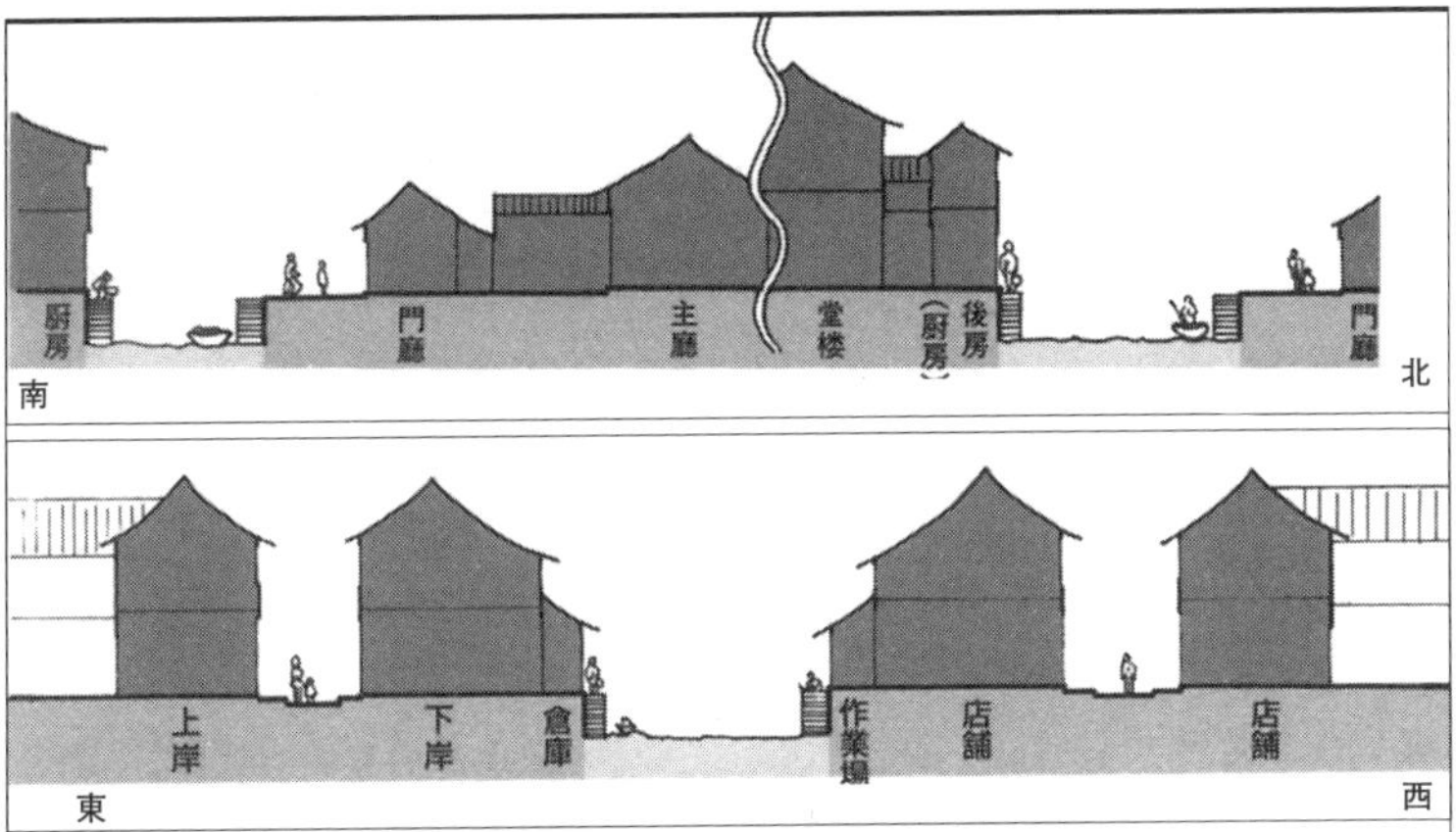

●――**住宅地**（上）**と商業地**（下）**の水路・建物・道路の関係**　左の絵の下端のように、十八世紀中期には、すでに安定した下岸が形成されている（乾隆『姑蘇万年橋図』）。

期であった。住宅地では、水路に沿って道路が走り、その道路に沿って住宅が面する。一方、土地の有効利用が求められる商業地では、まず水路に沿って店が並び、その裏に道路が走り、さらにその道路に沿って店が面するといった二重の構造をもつ。江南では、こうした商業地の水路沿いの土地を「下岸」、道を挟んだ反対側の土地を「上岸」と呼んで明確に区別している。

この水の都市の商業地を特徴づける下岸の形成の時期が明末清初と考えられるのだ。『蘇郡城河三横四直図説』や『重浚蘇州城河記』などの記録によると、明末の河幅は狭いものでも六メートル以上を保っていた。だが、清代中期までに、河幅は半分に減少し、今では水路沿いの土地を店舗が占拠しているという。しかも、商業地の記録に「畳屋営構」「地窄重楼」など「重なり合う」ことを意味する表現が多く使われるようになるのもこの時期である。

蘇る南宋の住宅地

清代中期には、蘇州の東と西の違いがさらに際立つ。しかし、両者の関係は、この時期を境に逆転するものであった。

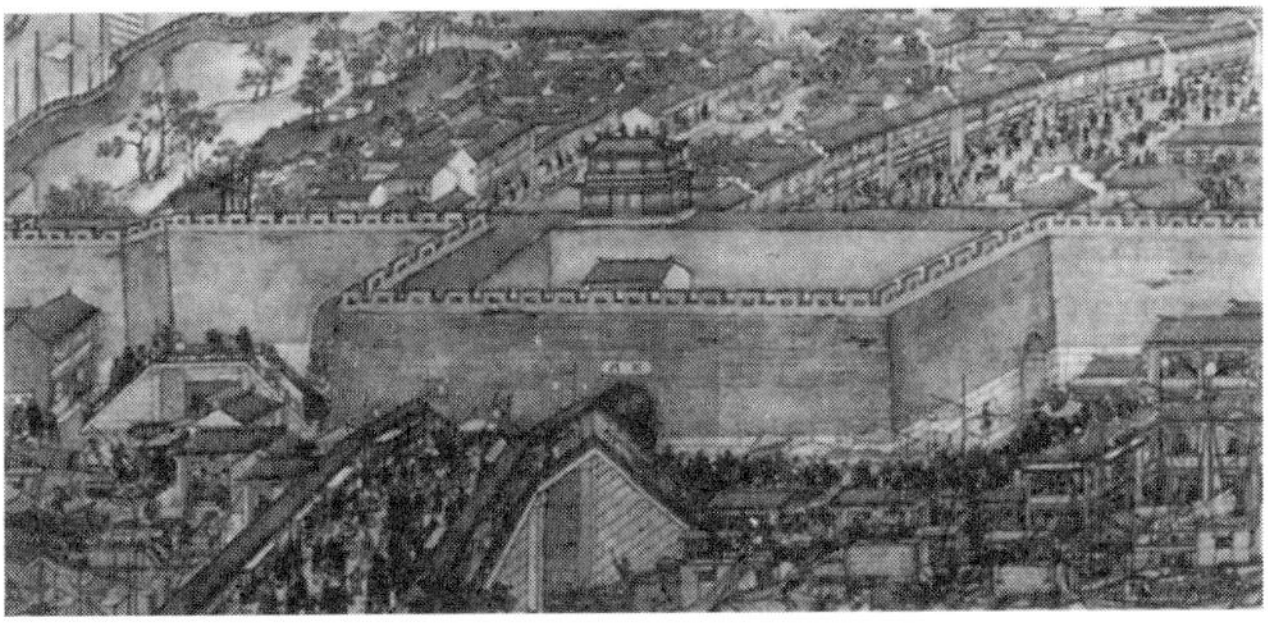

閶門一帯のにぎやかさ　蘇州の西の城外から東をみている。橋の上に二列の店舗群があるのも注目してほしい。

この時期、大運河に沿う西の閶門、胥門《しょもん》一帯では、店舗や船宿、料亭、会館などが建ち並び、さまざまな地方からの商人たちが行き来し、蘇州にとってもっとも経済活動が活発であった。一七五九年の『盛世滋生図』には、そのようすが生き生きと描かれている。だが、城外の数え切れないほどの船の多さにたいし、呉県にあたる都市の内部には数隻の船しか見当たらず、それより水路そのものが少ない。

呉県では、水路の埋め立てが一段と進んでいたのである。明末の『水道総図』と一七四八年の乾隆『蘇州府志』の都市図を比較すると、西北部に流れていた東西向きの九本の水路が、ことごとく消滅している。すでに呉県では、人口の過密化によって、水辺の生活環境が悪化していたにもかかわらず、その後は浚渫をおこたり放置した。しかも、家屋の建設時における廃材の投棄や水路の占拠は、陸地化を決定的なものとする。もはや高級住宅地としての地位や水の都市としての魅力は失われていたのである。

一方、それとは対照的に、蘇州の東では、明末からの水路がまわりを囲む住宅地がそのまま保たれていた。ちにみに、長洲県東部は、十八世紀初期に元和

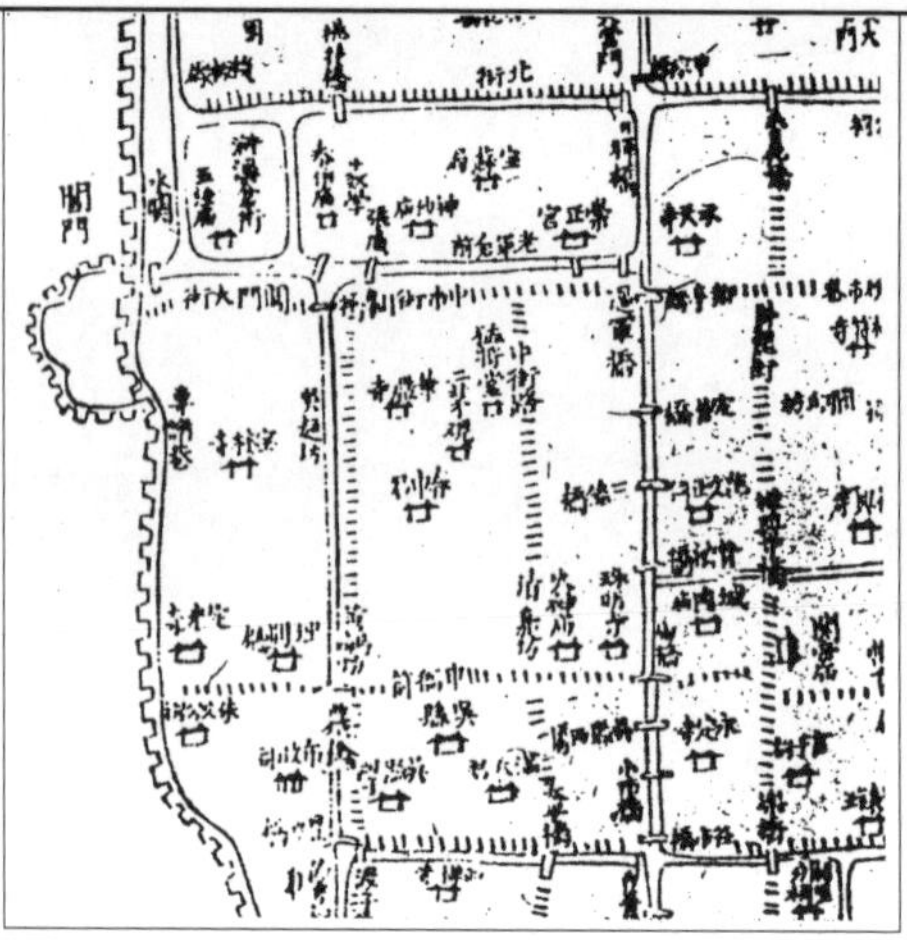

●水路が完全に陸地化している呉県

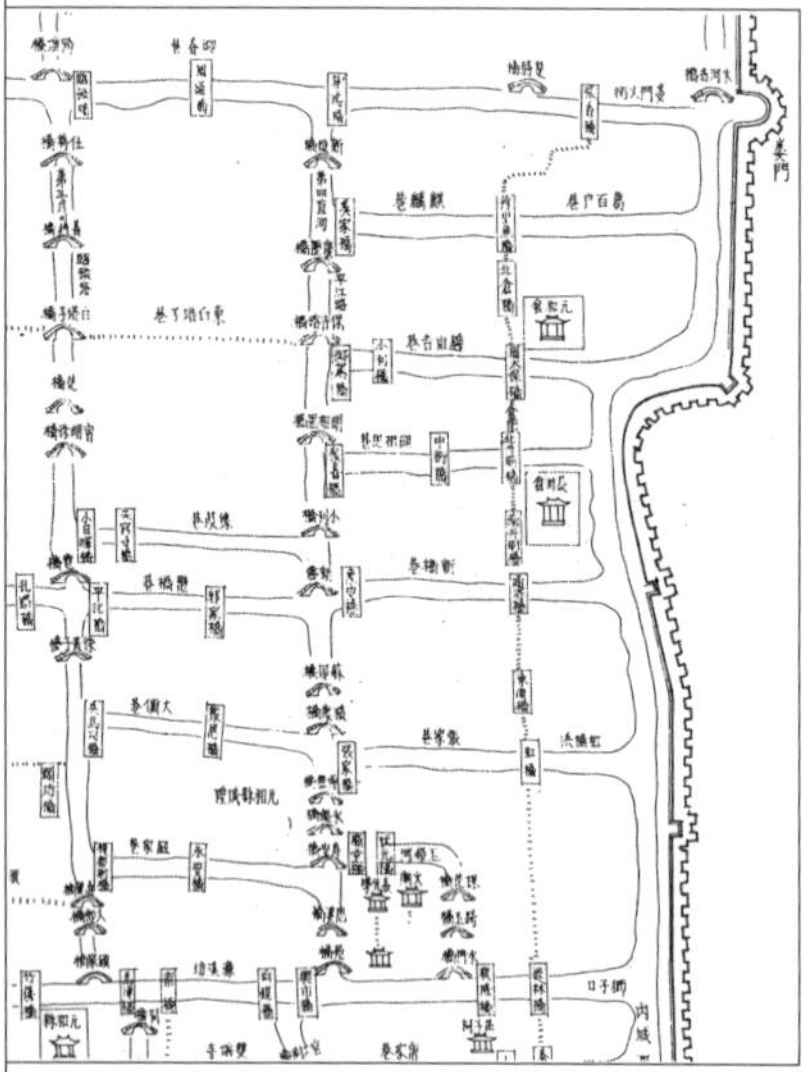

●水路が陸地化した元和県　とくに西側呉県よりの水路がなくなっている。

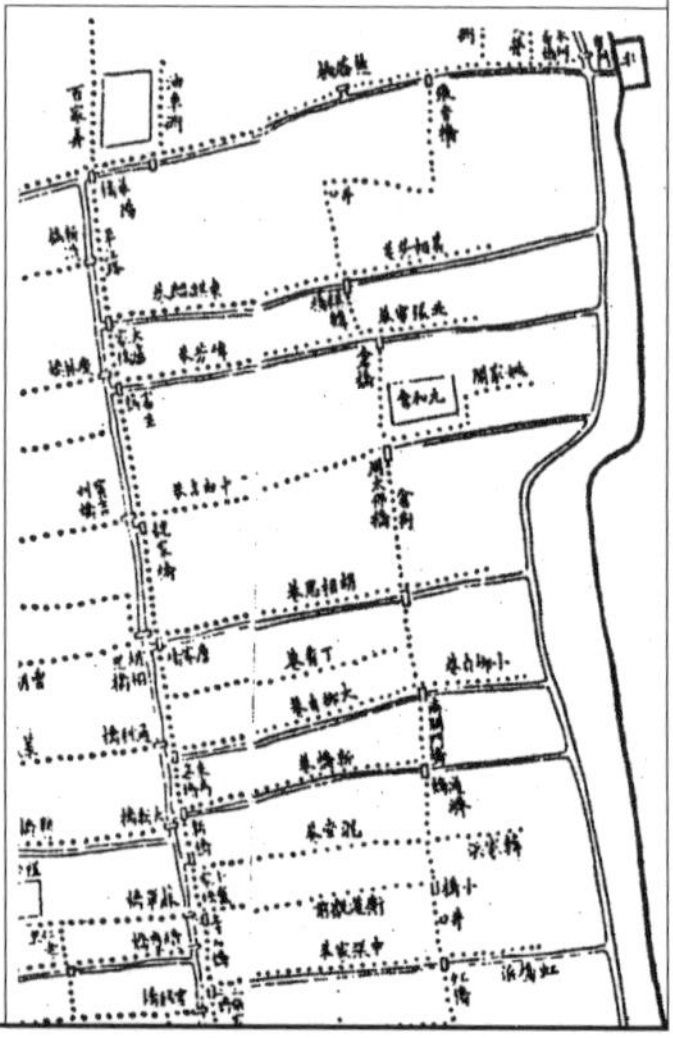

●水路を復活させた元和県東部

現在の蘇州東部

県に分割される。しかし、蘇州の水路は、人間でいえば血脈である。一部が止まれば、ほかの場所に影響がおよび、ゆくゆくは都市全体が病む。十八世紀末の地図では、この元和県でもまた、全体で六本の水路が陸地化している。

しかし、元和県東部では、それぞれの住宅地で水路を中心とした環境づくりが続けられた。その結果、十九世紀末には、陸地化した水路を完全に蘇らせたのである。水路に囲まれた住宅地が整然と連なる状態にまで再生したのだ。街区の南側に道路がとおり、各住宅へはそこからアプローチする。現在、このあたりには、十九世紀中期から後期の住宅が建ち並び、舞台が内部に組み込まれた商人会館もある。水に囲まれたことで静寂に包まれる庭園も点在する。

十九世紀末の蘇州では、十三世紀の南宋とふたたび同じ住宅地のあり方を選んだ。このことは、水と強く結びつきながら住まうための理想的なモデルの存在を明確に示している。

理想の住環境モデル

『平江図』には敷地割りは描かれてはいないが、水路にたいして間口が狭く奥

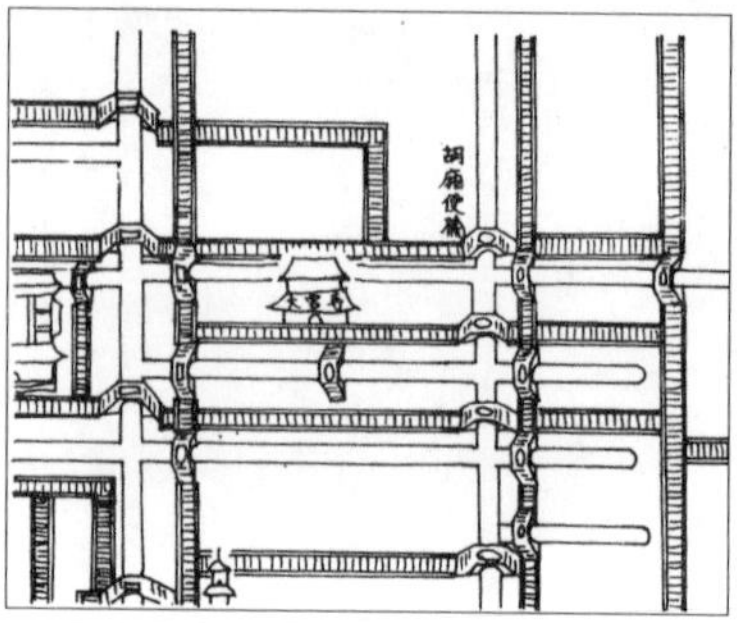

『平江図』の大新橋巷一帯　街区の南側に道路がとおり、それに面して寺院が建っている。

住宅の中心軸

に長い短冊形の敷地が、現在とそれほど違わないかたちで並んでいたと想像される。このような敷地割りのなか、蘇州では住宅と水路の結びつき方に、さまざまなヴァリエーションを示す。現在の蘇州で水路のよく残る地区では、住宅の表あるいは裏で水路に面している。

蘇州の住宅は、北京の四合院と同様、南を向いて建つことを理想とする。明快な中心軸をもち、左右対称に構成され、中庭をあいだに挟みながら奥へ展開する点も同じだ。違うことといえば、住宅の間口が北京の半分にも満たないことに原因があることばかりである。間口が狭くなれば、中庭の四隅に隙間を設けず棟を連結させる必要があり、また中庭自体も狭くなり、住空間を確保するために、四合院よりも奥へ中庭を連ねる傾向が強くなる。京都の町屋に似て、間口一〇メートル、奥行八〇メートルといった鰻の寝床のような住宅が蘇州の特徴である。

この特徴は、やはり水の都市との関係が深い。蘇州にあって、水路は道路とほとんど同じ意味をもつ。つまり、水路に接していなければ、家から船で直接出かけることもできない。それゆえ、可能な限り、多くの住宅が水路と接する

中庭

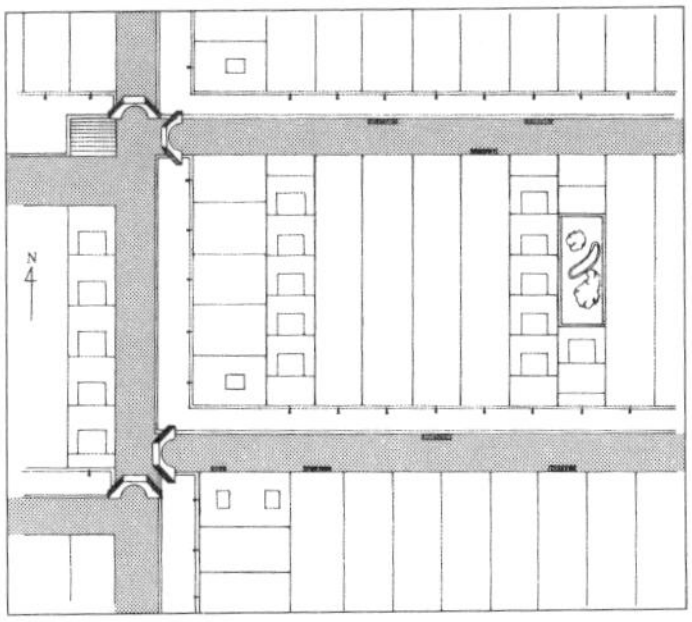

街区の敷地割りと建物の向き

必要がある。しかも、蘇州の土地は狭いうえに、以前から人口密度も高い。住宅の間口の規模は、水路や道路の管理費とも関連があった。もちろん、北京と違って、夏の強い日差しを避けて影をつくるために、中庭を小さくした結果であるといった発想もありうるだろう。

そして、各街区の南端に計画された道路に面して、間口の狭い敷地が展開すれば、南向きの特徴に適合させながら、多くの住宅が水路とも接することができるのである。

たとえば、現在の大新橋巷では、南側の表だけでなく、裏でも水路に接する住宅がある。表の水路は、住人や訪問客にとっての正式な水路となる。船を岸に着け、石段を使って陸へ上がり、住宅のなかにはいる。住宅は、表の客間から、男性の寝室、女性の寝室へと、中庭と部屋の内部を何度も繰り返しながら、北に進むほどプライベートな空間へとはいっていく。もっとも奥の裏の水路沿いには、厨房が置かれ、そこから直接水辺に降りれば、洗濯や資材の搬入も容易にできる。こうして南北に細長い敷地のなかで、水路とつながりながら、公的空間と私的空間を使い分け、家族が心地よく住める質の高い住空間が生み出

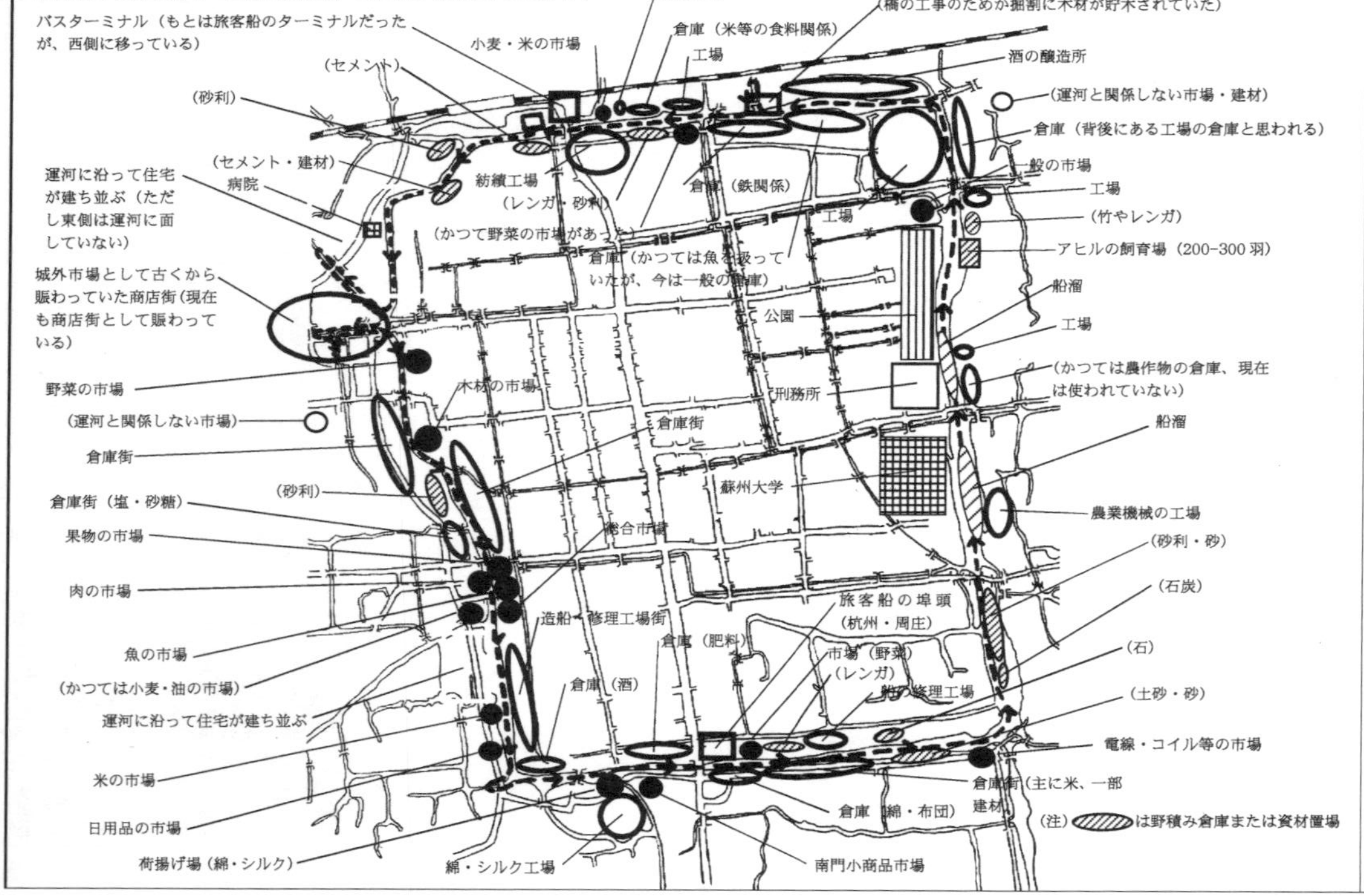

蘇州外城河沿いの都市施設（市場、倉庫、工場等）

●現在の蘇州と舟運の関係

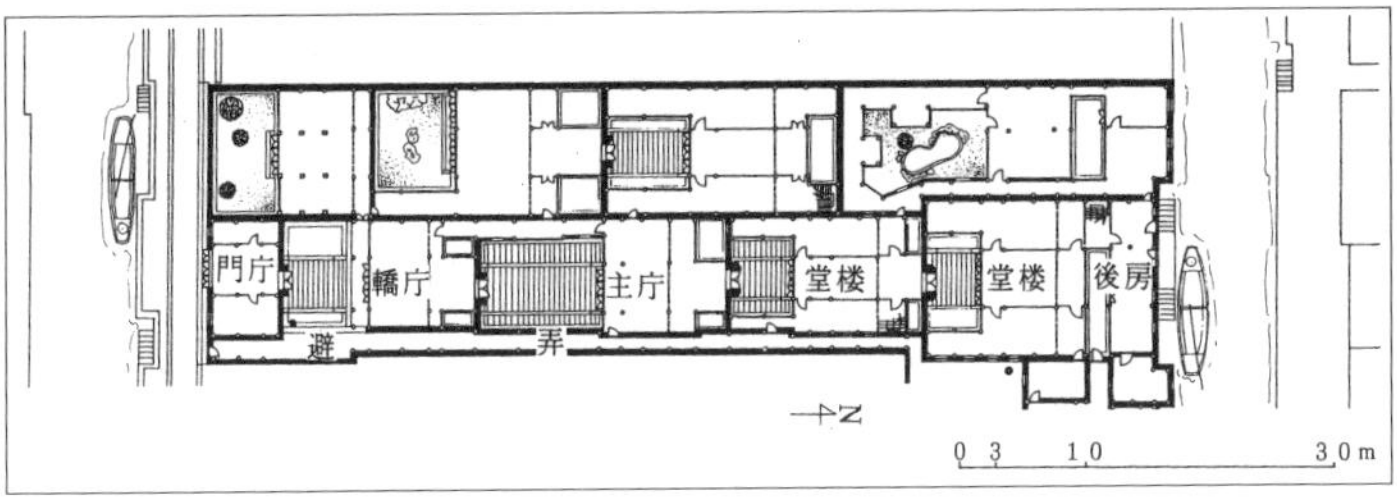

表と裏で水路に接する住宅

されているのである。

表と裏の両方で水路に接するこうした住宅は、今日の蘇州の典型とはいえない。だが、七〇〇年前の『平江図』で、街区の南側にしか道路がつけられていないことをみれば、このような住宅地が前後左右に連なることによって、水辺に暮らす人々は、水路を最大限に利用できるばかりか、高密に集まり住まうことが可能となる。水路と道路を軸とした街区形態、敷地割り、住宅内部の構成、そして人々の暮らし方が相互に関係しあい、理想的な住環境のモデルが、蘇州では綿々と受け継がれてきたのである。

近年、かつての城壁のなかにはいる船は、観光船以外、ほとんどみられない。しかし、蘇州が水の都市としての魅力を失いつつあっても、陸地より水面が多い江南全体では、船の利用がなくなることはない。今なお、食料品から日用品、工業製品にいたるまで、ありとあらゆる製品の工場や倉庫、市場などが、舟運を生かしながら、蘇州を取り巻くように立地している姿は実にたのもしい。

平遥の城壁　表面のレンガは、一九八〇年代に修復されている。

③—小都市の世界

華北の県城——平遥

都城としての北京、府城・州城としての蘇州、そして都市空間の解読は、より小さな都市へとはいっていく。都城を頂点とする中国都市の特徴は、都市のランクだけでなく、中華世界の広がりのなかで、北は朝鮮半島を越え日本まで、南は遠くヴェトナムまでおよぶといわれる。だが、現実としての都市は、こうした支配的な概念だけで成立するものなのであろうか。それぞれの場所にふさわしい個性的なまちづくりが必ずおこなわれているはずだ。

まず、中華世界のなかで、その中心の北京に近い山西省平遥《へいよう》を見てみよう。

平遥は、蘇州のような州城の下、つまり都市行政の最低ランクの県城である。五世紀初めの北魏にその起源をもち、十四世紀の明代初期、城壁の北と西が拡張されてからは、ほぼそのままのかたちで現在にいたっている。明清の建物ばかりか、高さ一〇メートルの城壁も残り、一九九七年にはユネスコの世界遺産に指定された。十九世紀中期から発達する為替業の「票号」が集中し、商人のま

●——十九世紀末の県城図(光緒『平遥県志』)と現在の平遥

市楼

ちとしてもよく知られている。

都市は、一辺がほぼ一・五キロの正方形を形づくり、道路が東西・南北に整然ととおっている。やや東よりを南北に走る南大街を都市の中心軸とし、全体で左右対称に構成されている。

とりわけ、南大街を中心として、西の県衙(役所)と東の城隍《じょうこう》廟、西の武廟と東の文廟は、見事なまでに対をなす。城隍は、都市の守護神であると同時に冥界《めいかい》の裁判官でもあり、現世の役所と一対となる。また、武廟と文廟は、皇帝の前に整列する役人や北京の紫禁城前に配置された役所と同様、武を西に、文を東に置く儒教の教えにしたがったものであるという。すべて一つの時代につくられ配置されたものではないが、いくつかの時代をとおして、南大街を中心とした左右対称の都市空間の整備が進められたことを裏づけている。しかも、南大街の路上には、高さ二五メートルの市楼が置かれ、それらが一体となって、中心軸の象徴性をさらに強めている。

こうしてみると、県城としての平遥は、都市の中国化をますます強めているかのようだ。だが、人々に身近な住空間では、これまでと明らかに異なる特徴

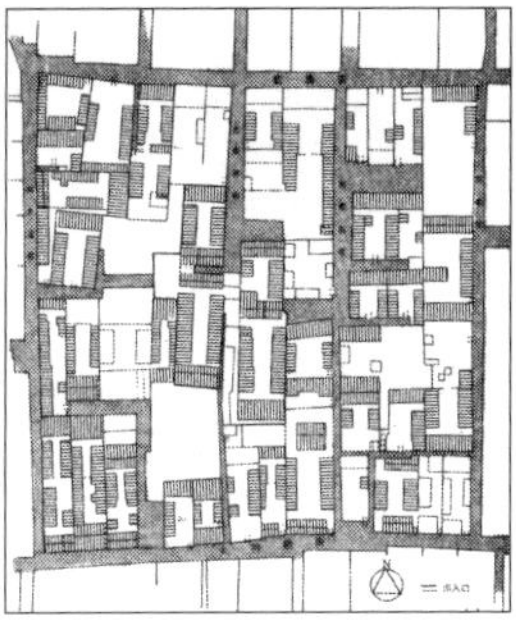

平遥の住宅地　正方形の住宅地のなか、南北に長い三つの街区が東西に並んでいる。

が見出せる。

北京や蘇州では、住宅の構成と敷地割りが密接に結びついて、東西に長い理想的な街区をつくりだしていた。もちろん、平遥の住宅でも、南面しながら奥に展開する特徴は共通しているのだが、住宅地の街区が南北に長いのだ。住宅には、南北の通りから、東や西へ路地を引き、その路地に面した南向きの門からアプローチする。

平遥では、全体的に正方形の町割りがなされ、中央の空地を開発する過程で、このような街区が生まれたといわれるが、ではなぜ北京や蘇州のように東西に長い街区で分割しなかったのであろう。そのうえ、住宅地全体にあって、東西に路地を引くのでは、その分、土地を浪費することになる。

平遥では、土地の有効利用より、むしろ市民の生活のあり方と結びつく開発手法が求められた。平遥の人々は、地主や商人、文人であっても、城外に農地をもち、副業として、あるいは趣味として、土と触れ合うことを喜びとする民なのである。彼らは、農地に出かけるため、馬やロバを飼う。平遥の住宅では、路地の奥に、人間用の小さな門と、その横にアーチ型の大きな門を設けている

馬・ロバ用の入り口

平遥郊外の農村の曹地村堡

のが普通だ。それが動物にとっての入り口なのである。

公共性の高い東西道路に、二つの門を設けて、住宅の間口を広く占めることはできない。あるいは、門を一つにして、手前をロバや家畜の空間として使えば、客はそこをとおらなければ居間にたどり着くことができないのだから、不都合きわまりない。それを不都合と思わない郊外の農村では、この種の住宅をいくつも並べている。

小都市である平遥では、こうした問題を解決するために考え出されたのが、それまでの中国都市の概念にあてはまらない南北に長い街区と、東西に引き込まれた路地であった。馬やロバを路地につないでおけば、交通の邪魔にもならない。平遥では、心地よく住まう人間の空間と、それを支える動物の空間とを明確に区別し、彼らにとってもっとも理想的かつ合理的な住宅地を創造してきたのである。

華南の小都市――厦門

つぎに、福建省の厦門《アモイ》を取り上げよう。

廈門は、アヘン戦争後、対岸の島に共同租界▲がつくられ、また一九二〇年代から、一階にアーケードをもつ騎楼《きろう》の並ぶストリートが開発されたということ以外、実は旧市街地についてはほとんど知られていない。さらに、県の下、たんなる行政区画としての郷や里の拠点にすぎず、むしろ軍事的性格の強い都市であった。日本人にもなじみ深い清朝に抵抗した国姓爺《こくせんや》、つまり鄭成功《ていせいこう》▲の根城でもある。

根城というくらいだから、廈門は城壁をもつ。明朝の鎖国政策に応じてつくられた城壁は、一九三〇年前後に取り壊されるまで、拡張されることがなかった。その城壁は、直径四〇〇メートル余りの小さな円形である。周辺に点在する客家《ハッカ》▲の集合住宅もまた円形である。ここでは、すでに「天は円く、地は四角い」といった儒教の教えも意味をなさないのであろうか。

廈門は、背後に山を控え、手前に海が広がる斜面に立地するばかりか、うねりをもつ複雑な地形の上にある。都市のランクづけに含まれず、北京から遠く離れているからということより、むしろ起伏に富んだ廈門の地形こそが、このような都市形態を生み出したといえよう。

▼共同租界　一八四〇年、イギリスは、清朝に流出した銀を取り返すため、中国に阿片を売りつけるが、抵抗にあいアヘン戦争を仕掛けた。敗北した中国は、不平等条約(南京条約、一八四二年)を結び、上海などとならび廈門も開港させられる。その後、一九〇二年、対岸の鼓波嶼《コロンス》島に諸外国の共同租界がつくられた。

▼鄭成功(一六二四〜六二)　明末清初に、明朝の復興を願って、清朝に対抗した台湾の名将。福建・南安県の人。国姓爺は、南に逃れた明の隆武帝から朱姓を賜った際の雅名。

▼客家　広東、広西、福建などの境界に住む漢族の一種族。五世紀初めの晋末に北方から流れ住んだと推定されている。彼らは親戚らとともに、円形土楼と呼ばれる独特な集合住宅に住む。

●——十九世紀中期の廈門

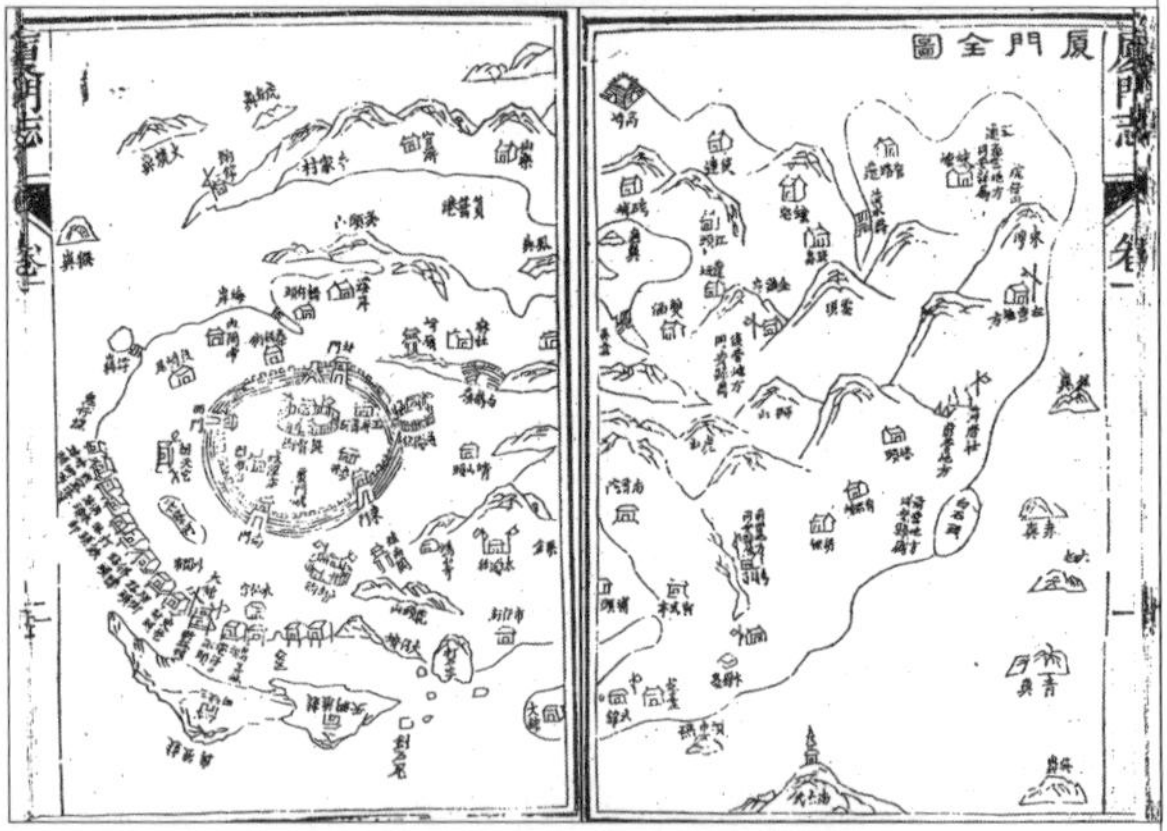

●——道光『廈門志』に載る『廈門全図』

●——客家の住宅

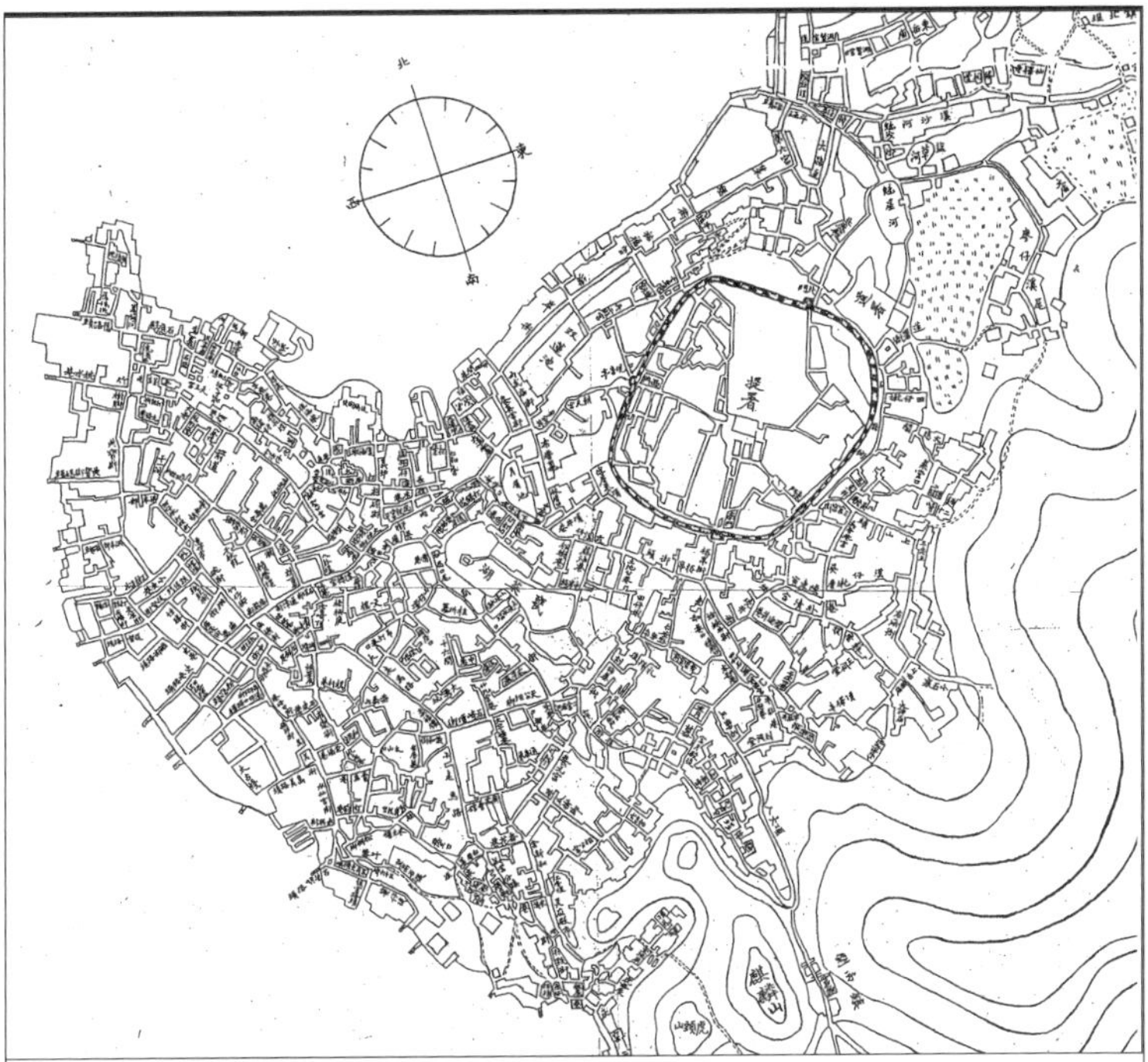

一九〇八年『厦門城市全図』　市街地の右上に円形の城壁がみえる。

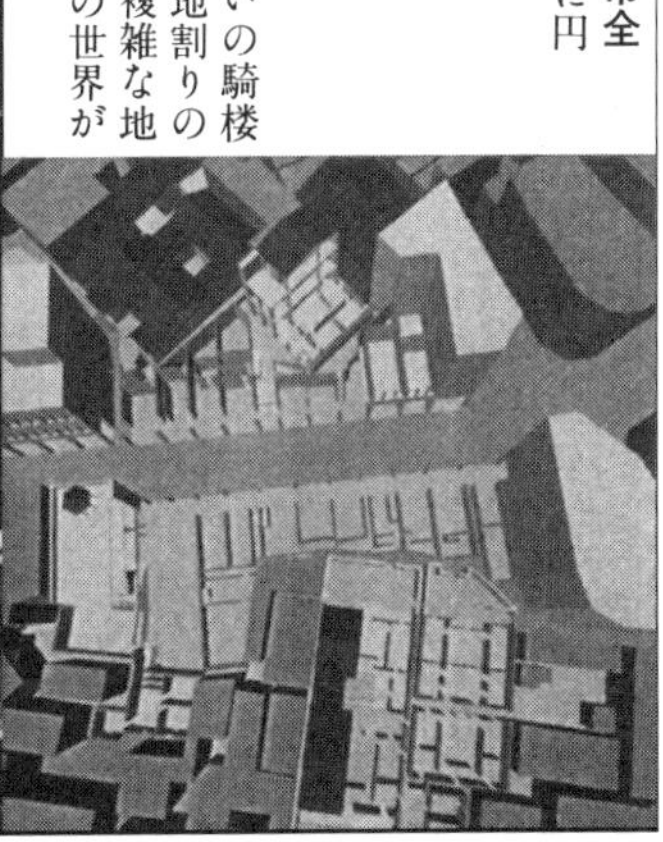

騎楼　街路沿いの騎楼の規則正しい敷地割りの裏には、従来の複雑な地形に沿った敷地の世界が広がっている。

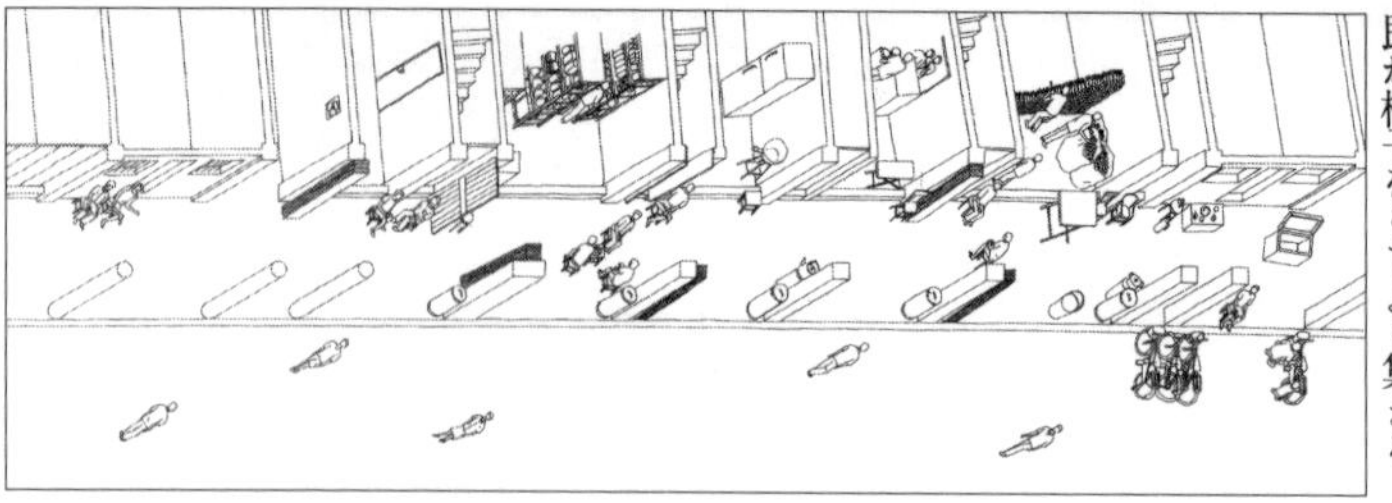

夏の夜の騎楼　店が閉じても、住民が椅子をもちより集まる。

十七世紀、鎖国が解禁されると、厦門は交易都市としての一面をももつようになる。その役割をはたしたのが、城壁の外に広がる市街地だ。その市街地でもまた、地形に沿って道をとおしたため、迷路状の都市空間が広がっている。それゆえ、厦門全体には、明快な中心軸や左右対称の構造ばかりか、東西・南北の道路網、方形の街区、南向きの住宅群などはほとんど存在しない。あまりにも中国的な北京とは、まったくの対極にあるのだ。

一九二〇年代から、こうした都市空間に、十九世紀中期にオスマンがおこなったパリ大改造のごとく、直線的で道幅の広い騎楼をもつ通りが計画される。華僑らの手になる騎楼街の開発は、ある意味で既存の市街地を無視する強引さをともなっていた。だが、不衛生で迷宮的な都市空間のなかに、人々の集う公共的で開放的な広場に似た、爽快な空間を誕生させる結果となったのも事実だ。

そこには、もはや中国都市たるべき概念も意思も存在しない。昼間のアーケードは、夜になると、上の階の住民が降りてきて、まさに広場のようなコミュニティの中心として機能する。

江南の鎮の一つ同里

マーケットタウンとしての鎮

都市の対象をふたたび江南に戻そう。蘇州はひときわ輝かしい歴史を誇る都市としてよく知られているが、実はその周辺に物資の集散地、つまりマーケットタウンとしての役割をはたす町が数多く点在している。宋代以降、中国では、こうした町を「鎮《ちん》」と呼んできた。

しかも、江南の鎮は、水を自由に操って、環境に適応した世界でも類例のない個性的な都市空間をつくりあげている。

船が行き交う水路の岸辺を歩き、太鼓橋を越え、茶館で休み、また市場の雑踏へはいる。水路沿いには白壁に黒瓦がのった素朴な家々が軒を連ね、水辺の石段では洗い物をする人の姿が絶えない。小さな町でありながら、デザインの密度が高く、しっかりと風景が構成されている。

だが正確には、鎮は都市とはいいにくい。そもそも鎮は、おもに郷村内の商業的密集集落そのものをさす名称であったから、都市の行政ランクや区画とはまったく別の体系として扱われてきた。しかも、城壁で囲いながら計画的な意図にもとづいて築かれた蘇州とは対照的に、鎮は城壁をもたず、町全体を統一

一九八〇年代の周庄

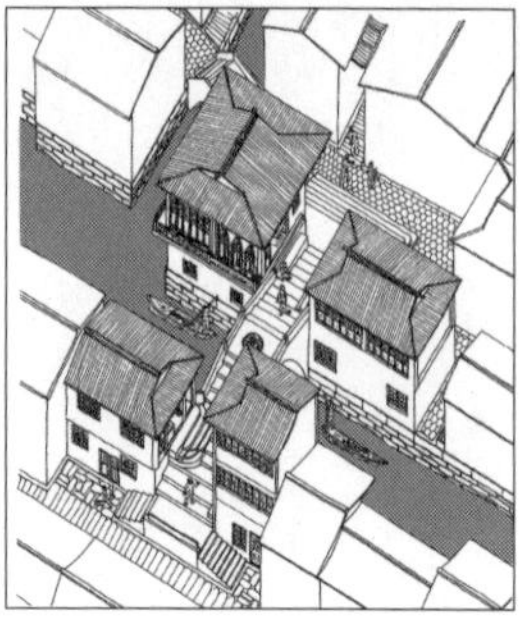

周庄の富安橋

するような計画性もみられない。もちろん、明快な中心軸や左右対称の構造といったものも存在しない。

鎮では、水路の端々に設けられた水門が城壁の役割をはたす。船でなければアクセスできない鎮にあって、町の中心に通じる水路の入り口さえコントロールすれば、防備は十分なのである。鎮は、その内部に複数の水路が流れ、それを軸として町全体の空間がつくられている。町を貫く主要な水路に沿って商業地が形成され、そこから枝分かれした水路に沿って住宅地が広がる共通した特徴をもつ。

とくに、マーケットタウンとして、鎮の中心となるのは、周囲に市が立つ橋そのものである。蘇州の東南三〇キロにある周庄鎮は、その典型であろう。周庄は、南北に流れる主要な水路と、そこから西へ流れる平行な二本の水路によって明快に構成されている。その交差点の一つに架かる富安橋は、十四世紀中期の建設で、周庄の発展のきっかけをつくると同時に、四隅の茶館や旅館、床屋、薬屋とも一体となって、つねに町の中心的役割を担ってきた。

そもそも周庄は、北宋十一世紀末の周という軍人が庄園(荘園)を開いたことに始まり、その後、十四世紀の元末明初には、著名な富豪、沈万三▲親子が移り住み飛躍的な発展をとげた。二十世紀初頭には、詩人の柳亜子《りゅうあし》▲らがこの町の酒楼をよく訪れている。

このように、中国の都市のなかにあっては、鎮は小さな存在ではあるが、たんなるマーケットタウンではなく、江南の経済や文化を根底から支える重要な役割をはたしてきたのである。また、蘇州の南一八キロにある同里鎮では、解放直後の一九五一年、地主が全戸数の四分の一を占めていた。大都市を離れ、地主や官吏が隠遁生活を送る場としての性格をも鎮はもっていた。

それゆえ、鎮では、商人と地主、官吏の住み分けがおこなわれていた。水の流れにあって、鎮では、専用の住宅地▲が上流側に立地する傾向を強く示す。それは、たんに多くの住民が生活用水として、水路の水を直接利用していたという理由からだけではない。江南の鎮では、水路を風水の龍脈とみなす。上流側は、その龍脈にとって上位とされ、住宅を構えるのに吉と考えられたことが影響しているのである。水路の出入り口の分水墩《ぶんすいとん》や羅星洲《らせいす》と名づけられた場所、またその上に建てられた関聖祠《かんせいし》や文昌閣《ぶんしょうかく》などもまた、鎮の繁栄や文運を願うも

▼沈万三（一三六〇頃〜没年不詳）　元代中期に父の沈祐とともに周庄に移り住む。貿易によって財をなしたといわれ、明初の南京城築城では、城壁建設の三分の一の費用を出資した。

▼柳亜子（一八八六〜一九五八）　近代の革命詩人。江蘇、呉江県の人。『迷楼集』は、周庄の迷楼という酒楼に集まる革命詩人たちの詩を柳亜子が編集したもの。

▼同里鎮の住宅地　富観街（富んだ眺め）、旗杆街（官吏の門に置かれる旗）といった道の名前が示すように、このあたりには富豪や地主、官吏が居を構えていた。また、風水上、場所がよいことから、名家の多くがここに住むと記録にある（民国『同里鎮志』）。

分水墩（民国『烏青鎮志』より）

のであった。その境内では、芝居が演じられることもあり、水辺の祝祭の場としても重要な意味をもった。

さて、ここで注目したいのは、こうして条件のよい場所に立地する住宅地が、鎮では東西水路の北側につくられているという点だ。蘇州と同様、水辺の土地の有効利用をめざしつつ、中庭を繰り返しながら奥に展開する住宅の特徴を生かし、南向きに適合させながら、水路を最大限に利用できる理想的な住宅地が、鎮にもみられるのである。

こうした鎮のあり方は、江南の開発の歴史とも密接に結びつく。十五世紀から十七世紀の明末清初、それまで手がつけられなかった蘇州東側一帯の低湿地に、毛細的な水路網が整備された。それを受けて、このあたりでは鎮成立の最盛期をむかえるのである。その水路は、『東《とう》呉《ご》水《すい》利《り》考《こう》』などの記録によると、縦横に丁字あるいは十字となるよう開削し、河幅を九メートル余りにするとあり、鎮の状況ともほぼ一致するのだ。

そして、商業活動のみを重視した鎮が丁字形や十字形の水路だけで形づくられるのにたいし、理想的な住宅地の確保をめざした鎮では、丁字形や十字形の

●——紹興近郊・東安村の土地廟の舞台

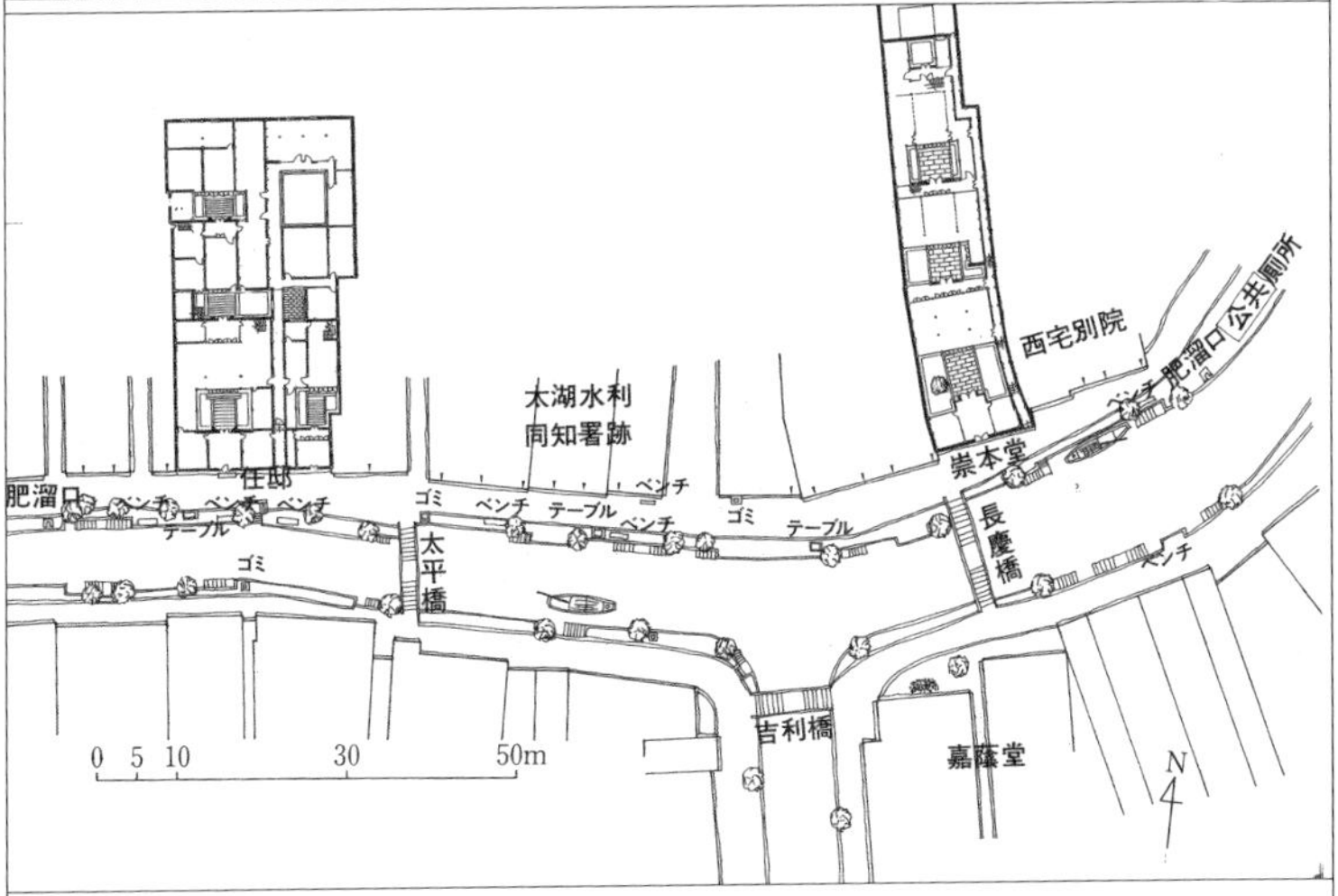

●——同里の富観街

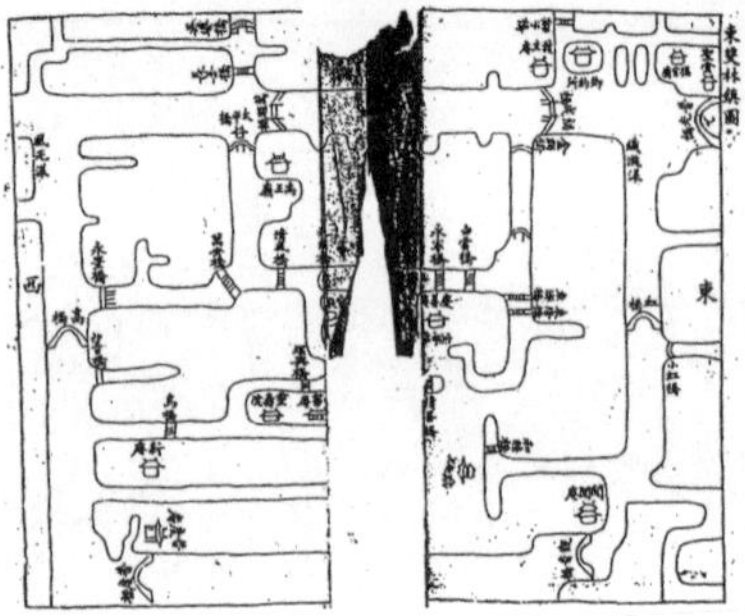

方形の街区を連ねる双林鎮（乾隆『東西林匯考』）

直交する水路をいくつも組み合わせ、まわりを水路に囲まれた方形の街区が連続する町づくりをおこなった。たんに水路に沿って市街地が伸びる商業がおもな鎮とは、この点で明らかに異なる。蘇州は、この二つを同時にあわせもつことによって成り立った都市ともいえよう。

城壁さえももたない鎮は、都市と位置づけられないほど、中国都市の特徴とは無縁であった。しかしながら、蘇州と同じ原理にもとづきながら、理想的な住宅地と商業地を成立させた点をみれば、中国の都市の長い歴史に、確実に組み込まれる存在であることは明らかであろう。しかも、蘇州以上に水との結びつきが強く、また高密に集まり住まうことを可能にする町づくりをなしとげた点では、けっして都市の蘇州に引けをとらない。こうした意味では、鎮もまた、れっきとした中国の都市なのである。

華僑のまちづくり

東南アジアにあって、タイのバンコクは水の都としてよく知られている。十七世紀中期以降、チャオプラヤー川を中心に、水路が縦横にめぐって地域を組

水辺に連続するデッキと家並み

橋に記録された開発の経緯

み立ててきた。東岸のバンコク中心地は、十九世紀中期から始まる道路網の建設によって、水路が役割を失い、今ではすっかり陸の都市へと変わったかにみえる。だが、チャオプラヤー川の周辺では、王都としてのバンコクを象徴する王宮や寺院などの建物が今なお水辺に存在している。水を中心とした都市景観は、まだ失われていないのである。

しかも、西岸のトンブリー地区では、水路を中心とした町並みが生きていて、そこに暮らす人々も、水との強い結びつきのなかで生活している。両岸には、水路に正面を向ける建物が断続的に並び、水上に迫り出すものも少なくない。北宋の開封に設置された路上の柱と同様、水上に立つバンコクの電柱は、不法占拠のラインにあたるという。

このあたりには、広東省や福建省出身の華僑の手によって開発されたまちが実に多い。十八世紀中頃、潮州華僑を父にもつ国王の奨励もあって、その後は多くの中国人がバンコクに移住した。

「四つの頭の寺」と呼ばれる寺院一帯もその一つだ。中央に架かる橋には、一九三六年、この一帯を開発したことが中国語で記されている。まちは、水路に

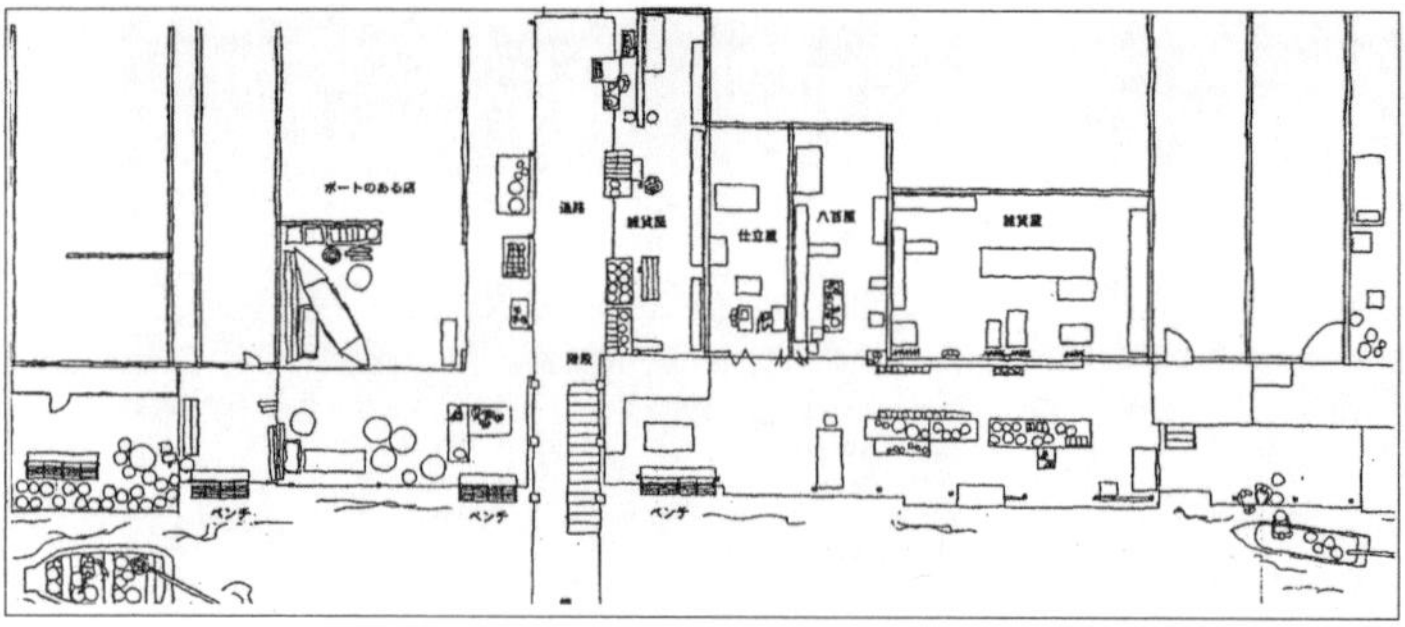

水辺に連なるデッキのようす

沿って一〇〇メートルを優に越えるデッキが連なり、そのデッキに面して店舗や住宅が並んでいる。建物の構造や材料は異なるものの、水を軸とした中国人のまちづくりの手法が、ここでもしっかりと生きている。また、かつての蘇州や鎮江と同様、水の都市としての共通した条件が、サパンハン橋のような店舗と一体となった橋を登場させた。

インドネシアの首都ジャカルタもまた、かつては水の都市だった。オランダ人は、十七世紀初期からの植民地支配下で、自国のアムステルダムなどをモデルに都市の建設を開始する。その建設をおもに請け負ったのが中国人だった。十八世紀中期には、商人、石工などの職人、農地開拓者などとして、八万人もの中国人がいたという。

彼らは、中心部コタ地区の南西に、水路がめぐるチャイナタウンをつくる。その古い写真をみると、まるで江南の鎮をみているかのようである。水辺に連なる建物ばかりか、水路沿いの宅地と、道路を挟んだ奥の宅地からなる構造は、まさに蘇州や鎮でみた商業地独特のものだ。今日、水路の多くは埋め立てられたが、かつてジャカルタは、西洋と東洋が融合した水の都市であった。

十九世紀末のサパンハン橋（右）と十九世紀中期の鎮江の橋

中国人がつくるからといって、中国の都市とは限らないとよくいわれる。都城を頂点とする中国都市の特徴を備えているか否かに注目するほうが、むしろ重要なのだという。

確かに、東南アジアのそれは都市ではない。しかしながら、多民族が寄り添うようにして成立する東南アジアには、もともと地域に共通する概念など存在したのだろうか。そこにあるのは、民族ごとの地区形成と人々の暮らしそのものである。

中国人は、いったん外に出ると、自国にたいする思いがふつふつと沸き起こり増幅して、それを自分の住むまちに実現しようとする。しかし、それはけっして中国都市がもつ権力的かつ支配的な特徴などではなく、自らが心のなかにもつ風景ではなかったか。

もはや中国都市の概念が地理的にどこまで伝播したかを知るより、気候や地形、社会のあり方など、個々の場所の条件に応じて、中国人それ自体がいかに都市空間をつくりあげていったかを具体的に探ることのほうが、時間はかかっても、はるかに重要な作業となるはずだ。

チャイナタウンの水路沿いの景観

そのためには、歴史学のみならず、地理学や人類学、考古学など、さまざまな学問の視点をも含めながら、都市史、建築史の立場から、都市空間と向き合う姿勢が必要となる。同時に、学問の域を越えて、相互に密接な関係をつくり、歴史学の再構築をいかに現実のものとしていくかが、世紀末から二十一世紀にかけての課題となるであろう。

参考文献

陣内秀信『都市を読む――イタリア』法政大学出版局　一九八八年
田中淡『中国建築史の研究』弘文堂　一九八九年
中国建築史編集委員会編（田中淡訳編）『中国建築の歴史』平凡社　一九八一年
村松伸『中華中毒――中国的空間の解剖学』作品社　一九九八年
陳高華（佐竹靖彦訳）『元の大都』中公新書　一九八四年
マルコ・ポーロ（愛宕松男訳注）『東方見聞録 1』平凡社東洋文庫　一九七〇年
伊原弘『蘇州――水生都市の過去と現在』講談社現代新書　一九九三年
伊原弘『中国中世都市紀行――宋代の都市と都市生活』中公新書　一九八八年
北田英人「唐代江南の自然環境と開発」『シリーズ世界史への問い1　歴史における自然』岩波書店　一九八九年
濱島敦俊「明代の水利技術と江南地主社会の変容」『シリーズ世界史への問い2　生活の技術　生産の技術』岩波書店　一九九〇年
夫馬進「明末の都市改革と杭州民変」『東方学報』四九　一九七七年
森田明『清代水利社会史の研究』国書刊行会　一九九〇年
礪波護「唐宋時代における蘇州」『中国近世の都市と文化』京都大学人文科学研究所　一九八四年

加藤繁『支那学雑草』生活社　一九四四年
池田静夫『支那水利地理史研究』生活社　一九四〇年
岡崎文夫・池田静夫『江南文化開発史』弘文堂書房　一九四〇年
田村廣子「平遥――山西省の住まいと文化」『自然と文化』六〇　(財)日本ナショナルトラスト　一九九九年
恩田重直「重層する中国近代都市／厦門」『ＳＤ』鹿島出版会　二〇〇〇年四月号
何暁堯（三浦國雄監訳）『風水探源――中国風水の歴史と実際』人文書院　一九九五年
加藤雄三編『アジアの都市と建築』鹿島出版会　一九八六年
陣内秀信・岡本哲志編『舟運を通して都市の水の文化を探る』ミツカン水の文化センター報告書　二〇〇〇年

図面作成協力　楠亀典之、東條由紀、佐藤里美(法政大学工学部)

図版出典一覧

北京市城市規劃設計研究院・北京市城市規劃管理局編『北京－歴史城市的保護和現代化発展』年代不詳　*4*, *7*下
于倬雲主編『紫禁城宮殿』商務印書館香港分館　1982　*9*
『故宮博物院展　紫禁城の宮廷芸術』西武美術館・朝日新聞社　1985　*11*
岡田玉山編述『唐土名勝図会　複製版』ぺりかん社　1987　*15*, *16*, *17*上
劉敦楨『中国古代建築史』中国建築工業出版社　1984から作図　*23*上
林岩他編『老北京店舗的招幌』博文書社出版　1987　*26*上
故宮博物院編『清代宮廷絵画』文物出版社　1995　*29*上, *40*下
최석로 해설, 민족의사진첩①, Seomundang, 1994　*29*下
北宋・張択端『清明上河図』(故宮博物院蔵画集編輯委員会編『中国歴代絵画II』人民美術出版社　1981)　*30*, *49*
張復合「歴史的古城和発展的城市－京奉鉄路正陽門東駅在北京的過去和未来」『建築師』中国建築工業出版社　1994から作図　*31*
中国歴史博物館編『中国古代史参考図録　清朝時期』上海教育出版社　1991　*34*右
京都市政公所編纂『京都市政彙覧』　1919　*35*, *37*
傅公鉞他編著『旧京大観』人民中国出版社　1992　*36*上
『梁思成文集(四)』中国建築工業出版社　1986　*36*下
乾隆『姑蘇万年橋図』(『中国民間年画史図録(上)』上海人民美術出版社　1991)　*61*下
Book of Appreciation of Prosperous Suzhou, The Commercial Press Hong Kong Ltd.(徐揚『盛世滋生図』)　1990　*63*, カバー表
陣内秀信・岡本哲志編『舟運を通して都市の水の文化を探る』ミツカン水の文化センター報告書　2000　*68*
田村廣子「平遥　山西省の住まいと文化」『自然と文化』60　(財)日本ナショナルトラスト　1999　*71*下
日本建築学会都市史図集編集委員会編『都市史図集』彰国社　1999　*73*
Thomas Allom, The Chinese Empire, John Nicholson Ltd., Hong Kong, 1988　*76*上, *87*左
恩田重直「重層する中国近代都市／厦門」『SD』鹿島出版会　2000年4月号　*77*下, *78*
Steve Van Beek, *The Chao Phya River in Transition,* Oxford University Press, 1995　*87*右
Hadiah Ikhlas Dari, Oud Batavia, G.Kolff and Co., 1923.　*88*

世界史リブレット❽

中国《ちゅうごく》の都市《とし》空間《くうかん》を読《よ》む

2000年3月25日　1版1刷発行
2018年8月31日　1版8刷発行

著者：高村雅彦《たかむらまさひこ》

発行者：野澤伸平

装幀者：菊地信義

発行所：株式会社 山川出版社

〒101-0047　東京都千代田区内神田1-13-13
電話　03-3293-8131(営業)　8134(編集)
https://www.yamakawa.co.jp/
振替　00120-9-43993

印刷所：明和印刷株式会社

製本所：株式会社 ブロケード

 ISBN978-4-634-34080-0

世界史リブレット　第Ⅰ期［全56巻］

〈すべて既刊〉

1 都市国家の誕生
2 ポリス社会に生きる
3 古代ローマの市民社会
4 マニ教とゾロアスター教
5 ヒンドゥー教とインド社会
6 秦漢帝国へのアプローチ
7 東アジア文化圏の形成
8 中国の都市空間を読む
9 科挙と官僚制
10 西域文書からみた中国史
11 内陸アジア史の展開
12 歴史世界としての東南アジア
13 東アジアの「近世」
14 アフリカ史の意味
15 イスラームのとらえ方
16 イスラームの都市世界
17 イスラームの生活と技術
18 浴場から見たイスラーム文化
19 オスマン帝国の時代
20 中世の異端者たち
21 修道院にみるヨーロッパの心
22 東欧世界の成立
23 中世ヨーロッパの都市世界
24 中世ヨーロッパの農村世界
25 海の道と東西の出会い
26 ラテンアメリカの歴史
27 宗教改革とその時代
28 ルネサンス文化と科学
29 主権国家体制の成立
30 ハプスブルク帝国
31 宮廷文化と民衆文化
32 大陸国家アメリカの展開
33 フランス革命の社会史
34 ジェントルマンと科学
35 国民国家とナショナリズム
36 植物と市民の文化
37 イスラーム世界の危機と改革
38 イギリス支配とインド社会
39 東南アジアの中国人社会
40 帝国主義と世界の一体化
41 変容する近代東アジアの国際秩序
42 アジアのナショナリズム
43 朝鮮の近代
44 日本のアジア侵略
45 バルカンの民族主義
46 世紀末とベル・エポックの文化
47 二つの世界大戦
48 大衆消費社会の登場
49 ナチズムの時代
50 歴史としての核時代
51 現代中国政治を読む
52 中東和平への道
53 世界史のなかのマイノリティ
54 国際体制の展開
55 国際経済体制の再建から多極化へ
56 南北・南南問題

世界史リブレット　第Ⅱ期［全36巻］

〈すべて既刊〉

57 歴史意識の芽生えと歴史記述の始まり
58 ヨーロッパとイスラーム世界
59 スペインのユダヤ人
60 サハラが結ぶ南北交流
61 中国史のなかの諸民族
62 オアシス国家とキャラヴァン交易
63 中国の海商と海賊
64 ヨーロッパからみた太平洋
65 太平天国にみる異文化受容
66 日本人のアジア認識
67 朝鮮からみた華夷思想
68 東アジアの儒教と礼
69 現代イスラーム思想の源流
70 中央アジアのイスラーム
71 インドのヒンドゥーとムスリム
72 東南アジアの建国神話
73 地中海世界の都市と住居
74 啓蒙都市ウィーン
75 ドイツの労働者住宅
76 イスラームの美術工芸
77 バロック美術の成立
78 ファシズムと文化
79 オスマン帝国の近代と海軍
80 ヨーロッパの傭兵
81 近代技術と社会
82 近代医学の光と影
83 東ユーラシアの生態環境史
84 東南アジアの農村社会
85 イスラーム農書の世界
86 インド社会とカースト
87 中国史のなかの家族
88 啓蒙の世紀と文明観
89 女と男と子どもの近代
90 タバコが語る世界史
91 アメリカ史のなかの人種
92 歴史のなかのソ連